全民反间谍安全防范手册

大字版 附典型案例

中国法制出版社

目　录

中华人民共和国宪法（节录） ………………………………… 1
（2018 年 3 月 11 日）
中华人民共和国反间谍法 ………………………………… 2
（2023 年 4 月 26 日）
中华人民共和国反间谍法实施细则 ………………………… 20
（2017 年 11 月 22 日）
反间谍安全防范工作规定 ………………………………… 27
（2021 年 4 月 26 日）
中华人民共和国国家安全法 ……………………………… 37
（2015 年 7 月 1 日）
中华人民共和国境外非政府组织境内活动管理法 ………… 53
（2017 年 11 月 4 日）
公民举报危害国家安全行为奖励办法 ……………………… 68
（2022 年 6 月 6 日）
中华人民共和国国防法（节录） …………………………… 75
（2020 年 12 月 26 日）
中华人民共和国数据安全法（节录） ……………………… 77
（2021 年 6 月 10 日）

中华人民共和国网络安全法（节录） …………………………… 78
（2016 年 11 月 7 日）
中华人民共和国保守国家秘密法 ……………………………………… 95
（2010 年 4 月 29 日）
中华人民共和国保守国家秘密法实施条例 ………………………… 108
（2014 年 1 月 17 日）
最高人民法院关于审理为境外窃取、刺探、收买、
非法提供国家秘密、情报案件具体应用法律若干
问题的解释 ………………………………………………………… 121
（2001 年 1 月 17 日）
人民法院、保密行政管理部门办理侵犯国家秘密案
件若干问题的规定 ………………………………………………… 123
（2020 年 3 月 11 日）
中华人民共和国国家情报法 ………………………………………… 125
（2017 年 6 月 27 日）
中华人民共和国测绘法（节录） …………………………………… 132
（2017 年 4 月 27 日）
中华人民共和国监察法（节录） …………………………………… 134
（2018 年 3 月 20 日）
中华人民共和国公职人员政务处分法（节录） …………………… 135
（2020 年 6 月 20 日）
中华人民共和国政府信息公开条例 ………………………………… 136
（2019 年 4 月 3 日）
中华人民共和国国防动员法（节录） ……………………………… 152
（2010 年 2 月 26 日）

中华人民共和国反恐怖主义法（节录） …………………… 153
（2015 年 12 月 27 日）
中华人民共和国公务员法（节录） …………………………… 154
（2018 年 12 月 29 日）
涉密信息系统集成资质管理办法 ………………………… 157
（2020 年 12 月 10 日）
泄密案件查处办法 ………………………………………… 183
（2017 年 12 月 29 日）
保密事项范围制定、修订和使用办法 …………………… 199
（2017 年 3 月 9 日）
国家秘密鉴定工作规定 …………………………………… 206
（2021 年 7 月 30 日）
国家秘密定密管理暂行规定 ……………………………… 217
（2014 年 3 月 9 日）
派生国家秘密定密管理暂行办法 ………………………… 229
（2023 年 2 月 27 日）
国家秘密载体印制资质管理办法 ………………………… 234
（2020 年 12 月 22 日）
中华人民共和国档案法（节录） ………………………… 253
（2020 年 6 月 20 日）
中华人民共和国密码法（节录） ………………………… 258
（2019 年 10 月 26 日）
关键信息基础设施安全保护条例 ………………………… 261
（2021 年 7 月 30 日）

中华人民共和国香港特别行政区维护国家安全法
（节录） …………………………………………………… 273
（2020 年 6 月 30 日）
全国人民代表大会常务委员会关于《中华人民共和
国香港特别行政区维护国家安全法》第十四条和
第四十七条的解释 ……………………………………… 278
（2022 年 12 月 30 日）
中华人民共和国刑法（节录） ………………………… 280
（2020 年 12 月 26 日）
中华人民共和国刑事诉讼法（节录） ………………… 285
（2018 年 10 月 26 日）

附　录

国家安全机关公布一批危害国家安全典型案例（节录） … 293
国家安全机关公布典型案例（节录） ………………… 300
最高人民检察院发布 4 起检察机关依法惩治危害国
家安全犯罪典型案例（节录） ……………………… 304
最高人民法院发布全民国家安全教育典型案例及相
关法律规定（节录） ………………………………… 307
最高人民法院发布 5 起平安中国建设第一批典型案
例（节录） …………………………………………… 308

中华人民共和国宪法（节录）

（1982年12月4日第五届全国人民代表大会第五次会议通过　1982年12月4日全国人民代表大会公告公布施行　根据1988年4月12日第七届全国人民代表大会第一次会议通过的《中华人民共和国宪法修正案》、1993年3月29日第八届全国人民代表大会第一次会议通过的《中华人民共和国宪法修正案》、1999年3月15日第九届全国人民代表大会第二次会议通过的《中华人民共和国宪法修正案》、2004年3月14日第十届全国人民代表大会第二次会议通过的《中华人民共和国宪法修正案》和2018年3月11日第十三届全国人民代表大会第一次会议通过的《中华人民共和国宪法修正案》修正）

……

第五十三条　中华人民共和国公民必须遵守宪法和法律，保守国家秘密，爱护公共财产，遵守劳动纪律，遵守公共秩序，尊重社会公德。

第五十四条　中华人民共和国公民有维护祖国的安全、荣誉和利益的义务，不得有危害祖国的安全、荣誉和利益的行为。

……

中华人民共和国反间谍法

（2014年11月1日第十二届全国人民代表大会常务委员会第十一次会议通过　2023年4月26日第十四届全国人民代表大会常务委员会第二次会议修订　2023年4月26日中华人民共和国主席令第4号公布　自2023年7月1日起施行）

目　　录

第一章　总　　则

第二章　安全防范

第三章　调查处置

第四章　保障与监督

第五章　法律责任

第六章　附　　则

第一章　总　　则

第一条　为了加强反间谍工作，防范、制止和惩治间谍行为，维护国家安全，保护人民利益，根据宪法，制定本法。

第二条 反间谍工作坚持党中央集中统一领导，坚持总体国家安全观，坚持公开工作与秘密工作相结合、专门工作与群众路线相结合，坚持积极防御、依法惩治、标本兼治，筑牢国家安全人民防线。

第三条 反间谍工作应当依法进行，尊重和保障人权，保障个人和组织的合法权益。

第四条 本法所称间谍行为，是指下列行为：

（一）间谍组织及其代理人实施或者指使、资助他人实施，或者境内外机构、组织、个人与其相勾结实施的危害中华人民共和国国家安全的活动；

（二）参加间谍组织或者接受间谍组织及其代理人的任务，或者投靠间谍组织及其代理人；

（三）间谍组织及其代理人以外的其他境外机构、组织、个人实施或者指使、资助他人实施，或者境内机构、组织、个人与其相勾结实施的窃取、刺探、收买、非法提供国家秘密、情报以及其他关系国家安全和利益的文件、数据、资料、物品，或者策动、引诱、胁迫、收买国家工作人员叛变的活动；

（四）间谍组织及其代理人实施或者指使、资助他人实施，或者境内外机构、组织、个人与其相勾结实施针对国家机关、涉密单位或者关键信息基础设施等的网络攻击、侵入、干扰、控制、破坏等活动；

（五）为敌人指示攻击目标；

（六）进行其他间谍活动。

间谍组织及其代理人在中华人民共和国领域内，或者利用中华人民共和国的公民、组织或者其他条件，从事针对第三国的间谍活动，危害中华人民共和国国家安全的，适用本法。

第五条 国家建立反间谍工作协调机制，统筹协调反间谍工作中的重大事项，研究、解决反间谍工作中的重大问题。

第六条 国家安全机关是反间谍工作的主管机关。

公安、保密等有关部门和军队有关部门按照职责分工，密切配合，加强协调，依法做好有关工作。

第七条 中华人民共和国公民有维护国家的安全、荣誉和利益的义务，不得有危害国家的安全、荣誉和利益的行为。

一切国家机关和武装力量、各政党和各人民团体、企业事业组织和其他社会组织，都有防范、制止间谍行为，维护国家安全的义务。

国家安全机关在反间谍工作中必须依靠人民的支持，动员、组织人民防范、制止间谍行为。

第八条 任何公民和组织都应当依法支持、协助反间谍工作，保守所知悉的国家秘密和反间谍工作秘密。

第九条 国家对支持、协助反间谍工作的个人和组织给予保护。

对举报间谍行为或者在反间谍工作中做出重大贡献的个人和组织，按照国家有关规定给予表彰和奖励。

第十条 境外机构、组织、个人实施或者指使、资助他人实施的，或者境内机构、组织、个人与境外机构、组织、个人相勾结实施的危害中华人民共和国国家安全的间谍行为，都必须受到法律追究。

第十一条 国家安全机关及其工作人员在工作中，应当严格依法办事，不得超越职权、滥用职权，不得侵犯个人和组织的合法权益。

国家安全机关及其工作人员依法履行反间谍工作职责获取的个人和组织的信息，只能用于反间谍工作。对属于国家秘密、工作秘密、商业秘密和个人隐私、个人信息的，应当保密。

第二章 安全防范

第十二条 国家机关、人民团体、企业事业组织和其他社会组织承担本单位反间谍安全防范工作的主体责任，落实反间谍安全防范措施，对本单位的人员进行维护国家安全的教育，动员、组织本单位的人员防范、制止间谍行为。

地方各级人民政府、相关行业主管部门按照职责分工，管理本行政区域、本行业有关反间谍安全防范工作。

国家安全机关依法协调指导、监督检查反间谍安全防范工作。

第十三条 各级人民政府和有关部门应当组织开展反间谍安全防范宣传教育，将反间谍安全防范知识纳入教育、培训、普法宣传内容，增强全民反间谍安全防范意识和国家安全素养。

新闻、广播、电视、文化、互联网信息服务等单位，应当面向社会有针对性地开展反间谍宣传教育。

国家安全机关应当根据反间谍安全防范形势，指导有关单位开展反间谍宣传教育活动，提高防范意识和能力。

第十四条 任何个人和组织都不得非法获取、持有属于国家秘密的文件、数据、资料、物品。

第十五条 任何个人和组织都不得非法生产、销售、持有、使用间谍活动特殊需要的专用间谍器材。专用间谍器材由国务院国家安全主管部门依照国家有关规定确认。

第十六条 任何公民和组织发现间谍行为，应当及时向国家安全机关举报；向公安机关等其他国家机关、组织举报的，相关国家机关、组织应当立即移送国家安全机关处理。

国家安全机关应当将受理举报的电话、信箱、网络平台等向社会公开，依法及时处理举报信息，并为举报人保密。

第十七条 国家建立反间谍安全防范重点单位管理制度。

反间谍安全防范重点单位应当建立反间谍安全防范工

作制度，履行反间谍安全防范工作要求，明确内设职能部门和人员承担反间谍安全防范职责。

第十八条 反间谍安全防范重点单位应当加强对工作人员反间谍安全防范的教育和管理，对离岗离职人员脱密期内履行反间谍安全防范义务的情况进行监督检查。

第十九条 反间谍安全防范重点单位应当加强对涉密事项、场所、载体等的日常安全防范管理，采取隔离加固、封闭管理、设置警戒等反间谍物理防范措施。

第二十条 反间谍安全防范重点单位应当按照反间谍技术防范的要求和标准，采取相应的技术措施和其他必要措施，加强对要害部门部位、网络设施、信息系统的反间谍技术防范。

第二十一条 在重要国家机关、国防军工单位和其他重要涉密单位以及重要军事设施的周边安全控制区域内新建、改建、扩建建设项目的，由国家安全机关实施涉及国家安全事项的建设项目许可。

县级以上地方各级人民政府编制国民经济和社会发展规划、国土空间规划等有关规划，应当充分考虑国家安全因素和划定的安全控制区域，征求国家安全机关的意见。

安全控制区域的划定应当统筹发展和安全，坚持科学合理、确有必要的原则，由国家安全机关会同发展改革、自然资源、住房城乡建设、保密、国防科技工业等部门以及军队有关部门共同划定，报省、自治区、直辖市人民政府批准并动态调整。

涉及国家安全事项的建设项目许可的具体实施办法，由国务院国家安全主管部门会同有关部门制定。

第二十二条 国家安全机关根据反间谍工作需要，可以会同有关部门制定反间谍技术防范标准，指导有关单位落实反间谍技术防范措施，对存在隐患的单位，经过严格的批准手续，可以进行反间谍技术防范检查和检测。

第三章 调查处置

第二十三条 国家安全机关在反间谍工作中依法行使本法和有关法律规定的职权。

第二十四条 国家安全机关工作人员依法执行反间谍工作任务时，依照规定出示工作证件，可以查验中国公民或者境外人员的身份证明，向有关个人和组织问询有关情况，对身份不明、有间谍行为嫌疑的人员，可以查看其随带物品。

第二十五条 国家安全机关工作人员依法执行反间谍工作任务时，经设区的市级以上国家安全机关负责人批准，出示工作证件，可以查验有关个人和组织的电子设备、设施及有关程序、工具。查验中发现存在危害国家安全情形的，国家安全机关应当责令其采取措施立即整改。拒绝整改或者整改后仍存在危害国家安全隐患的，可以予以查封、扣押。

对依照前款规定查封、扣押的电子设备、设施及有关程序、工具，在危害国家安全的情形消除后，国家安全机关应当及时解除查封、扣押。

第二十六条 国家安全机关工作人员依法执行反间谍工作任务时，根据国家有关规定，经设区的市级以上国家安全机关负责人批准，可以查阅、调取有关的文件、数据、资料、物品，有关个人和组织应当予以配合。查阅、调取不得超出执行反间谍工作任务所需的范围和限度。

第二十七条 需要传唤违反本法的人员接受调查的，经国家安全机关办案部门负责人批准，使用传唤证传唤。对现场发现的违反本法的人员，国家安全机关工作人员依照规定出示工作证件，可以口头传唤，但应当在询问笔录中注明。传唤的原因和依据应当告知被传唤人。对无正当理由拒不接受传唤或者逃避传唤的人，可以强制传唤。

国家安全机关应当在被传唤人所在市、县内的指定地点或者其住所进行询问。

国家安全机关对被传唤人应当及时询问查证。询问查证的时间不得超过八小时；情况复杂，可能适用行政拘留或者涉嫌犯罪的，询问查证的时间不得超过二十四小时。国家安全机关应当为被传唤人提供必要的饮食和休息时间。严禁连续传唤。

除无法通知或者可能妨碍调查的情形以外，国家安全机关应当及时将传唤的原因通知被传唤人家属。在上述情形消失后，应当立即通知被传唤人家属。

第二十八条 国家安全机关调查间谍行为，经设区的市级以上国家安全机关负责人批准，可以依法对涉嫌间谍行为的人身、物品、场所进行检查。

检查女性身体的，应当由女性工作人员进行。

第二十九条 国家安全机关调查间谍行为，经设区的市级以上国家安全机关负责人批准，可以查询涉嫌间谍行为人员的相关财产信息。

第三十条 国家安全机关调查间谍行为，经设区的市级以上国家安全机关负责人批准，可以对涉嫌用于间谍行为的场所、设施或者财物依法查封、扣押、冻结；不得查封、扣押、冻结与被调查的间谍行为无关的场所、设施或者财物。

第三十一条 国家安全机关工作人员在反间谍工作中采取查阅、调取、传唤、检查、查询、查封、扣押、冻结等措施，应当由二人以上进行，依照有关规定出示工作证件及相关法律文书，并由相关人员在有关笔录等书面材料上签名、盖章。

国家安全机关工作人员进行检查、查封、扣押等重要取证工作，应当对全过程进行录音录像，留存备查。

第三十二条 在国家安全机关调查了解有关间谍行为的情况、收集有关证据时，有关个人和组织应当如实提供，不得拒绝。

第三十三条 对出境后可能对国家安全造成危害，或者对国家利益造成重大损失的中国公民，国务院国家安全主管部门可以决定其在一定期限内不准出境，并通知移民管理机构。

对涉嫌间谍行为人员，省级以上国家安全机关可以通知移民管理机构不准其出境。

第三十四条 对入境后可能进行危害中华人民共和国国家安全活动的境外人员，国务院国家安全主管部门可以通知移民管理机构不准其入境。

第三十五条 对国家安全机关通知不准出境或者不准入境的人员，移民管理机构应当按照国家有关规定执行；不准出境、入境情形消失的，国家安全机关应当及时撤销不准出境、入境决定，并通知移民管理机构。

第三十六条 国家安全机关发现涉及间谍行为的网络信息内容或者网络攻击等风险，应当依照《中华人民共和国网络安全法》规定的职责分工，及时通报有关部门，由其依法处置或者责令电信业务经营者、互联网服务提供者及时采取修复漏洞、加固网络防护、停止传输、消除程序和内容、暂停相关服务、下架相关应用、关闭相关网站等措施，保存相关记录。情况紧急，不立即采取措施将对国家安全造成严重危害的，由国家安全机关责令有关单位修复漏洞、停止相关传输、暂停相关服务，并通报有关部门。

经采取相关措施，上述信息内容或者风险已经消除的，国家安全机关和有关部门应当及时作出恢复相关传输和服务的决定。

第三十七条 国家安全机关因反间谍工作需要，根据国家有关规定，经过严格的批准手续，可以采取技术侦察措施和身份保护措施。

第三十八条 对违反本法规定，涉嫌犯罪，需要对有关事项是否属于国家秘密或者情报进行鉴定以及需要对危害后果进行评估的，由国家保密部门或者省、自治区、直辖市保密部门按照程序在一定期限内进行鉴定和组织评估。

第三十九条 国家安全机关经调查，发现间谍行为涉嫌犯罪的，应当依照《中华人民共和国刑事诉讼法》的规定立案侦查。

第四章 保障与监督

第四十条 国家安全机关工作人员依法履行职责，受法律保护。

第四十一条 国家安全机关依法调查间谍行为，邮政、快递等物流运营单位和电信业务经营者、互联网服务提供者应当提供必要的支持和协助。

第四十二条 国家安全机关工作人员因执行紧急任务需要，经出示工作证件，享有优先乘坐公共交通工具、优先通行等通行便利。

第四十三条 国家安全机关工作人员依法执行任务时，依照规定出示工作证件，可以进入有关场所、单位；根据国家有关规定，经过批准，出示工作证件，可以进入限制进入的有关地区、场所、单位。

第四十四条 国家安全机关因反间谍工作需要，根据国家有关规定，可以优先使用或者依法征用国家机关、人民团体、企业事业组织和其他社会组织以及个人的交通工具、通信工具、场地和建筑物等，必要时可以设置相关工作场所和设施设备，任务完成后应当及时归还或者恢复原状，并依照规定支付相应费用；造成损失的，应当给予补偿。

第四十五条　国家安全机关因反间谍工作需要，根据国家有关规定，可以提请海关、移民管理等检查机关对有关人员提供通关便利，对有关资料、器材等予以免检。有关检查机关应当依法予以协助。

第四十六条　国家安全机关工作人员因执行任务，或者个人因协助执行反间谍工作任务，本人或者其近亲属的人身安全受到威胁时，国家安全机关应当会同有关部门依法采取必要措施，予以保护、营救。

个人因支持、协助反间谍工作，本人或者其近亲属的人身安全面临危险的，可以向国家安全机关请求予以保护。国家安全机关应当会同有关部门依法采取保护措施。

个人和组织因支持、协助反间谍工作导致财产损失的，根据国家有关规定给予补偿。

第四十七条　对为反间谍工作做出贡献并需要安置的人员，国家给予妥善安置。

公安、民政、财政、卫生健康、教育、人力资源和社会保障、退役军人事务、医疗保障、移民管理等有关部门以及国有企业事业单位应当协助国家安全机关做好安置工作。

第四十八条　对因开展反间谍工作或者支持、协助反间谍工作导致伤残或者牺牲、死亡的人员，根据国家有关规定给予相应的抚恤优待。

第四十九条　国家鼓励反间谍领域科技创新，发挥科技在反间谍工作中的作用。

第五十条　国家安全机关应当加强反间谍专业力量人才队伍建设和专业训练，提升反间谍工作能力。

对国家安全机关工作人员应当有计划地进行政治、理论和业务培训。培训应当坚持理论联系实际、按需施教、讲求实效，提高专业能力。

第五十一条　国家安全机关应当严格执行内部监督和安全审查制度，对其工作人员遵守法律和纪律等情况进行监督，并依法采取必要措施，定期或者不定期进行安全审查。

第五十二条　任何个人和组织对国家安全机关及其工作人员超越职权、滥用职权和其他违法行为，都有权向上级国家安全机关或者监察机关、人民检察院等有关部门检举、控告。受理检举、控告的国家安全机关或者监察机关、人民检察院等有关部门应当及时查清事实，依法处理，并将处理结果及时告知检举人、控告人。

对支持、协助国家安全机关工作或者依法检举、控告的个人和组织，任何个人和组织不得压制和打击报复。

第五章 法律责任

第五十三条 实施间谍行为，构成犯罪的，依法追究刑事责任。

第五十四条 个人实施间谍行为，尚不构成犯罪的，由国家安全机关予以警告或者处十五日以下行政拘留，单处或者并处五万元以下罚款，违法所得在五万元以上的，单处或者并处违法所得一倍以上五倍以下罚款，并可以由有关部门依法予以处分。

明知他人实施间谍行为，为其提供信息、资金、物资、劳务、技术、场所等支持、协助，或者窝藏、包庇，尚不构成犯罪的，依照前款的规定处罚。

单位有前两款行为的，由国家安全机关予以警告，单处或者并处五十万元以下罚款，违法所得在五十万元以上的，单处或者并处违法所得一倍以上五倍以下罚款，并对直接负责的主管人员和其他直接责任人员，依照第一款的规定处罚。

国家安全机关根据相关单位、人员违法情节和后果，可以建议有关主管部门依法责令停止从事相关业务、提供相关服务或者责令停产停业、吊销有关证照、撤销登记。有关主管部门应当将作出行政处理的情况及时反馈国家安全机关。

第五十五条 实施间谍行为，有自首或者立功表现的，可以从轻、减轻或者免除处罚；有重大立功表现的，给予奖励。

在境外受胁迫或者受诱骗参加间谍组织、敌对组织，从事危害中华人民共和国国家安全的活动，及时向中华人民共和国驻外机构如实说明情况，或者入境后直接或者通过所在单位及时向国家安全机关如实说明情况，并有悔改表现的，可以不予追究。

第五十六条 国家机关、人民团体、企业事业组织和其他社会组织未按照本法规定履行反间谍安全防范义务的，国家安全机关可以责令改正；未按照要求改正的，国家安全机关可以约谈相关负责人，必要时可以将约谈情况通报该单位上级主管部门；产生危害后果或者不良影响的，国家安全机关可以予以警告、通报批评；情节严重的，对负有责任的领导人员和直接责任人员，由有关部门依法予以处分。

第五十七条 违反本法第二十一条规定新建、改建、扩建建设项目的，由国家安全机关责令改正，予以警告；拒不改正或者情节严重的，责令停止建设或者使用、暂扣或者吊销许可证件，或者建议有关主管部门依法予以处理。

第五十八条 违反本法第四十一条规定的，由国家安全机关责令改正，予以警告或者通报批评；拒不改正或者情节严重的，由有关主管部门依照相关法律法规予以处罚。

第五十九条 违反本法规定，拒不配合数据调取的，由国家安全机关依照《中华人民共和国数据安全法》的有关规定予以处罚。

第六十条 违反本法规定，有下列行为之一，构成犯罪的，依法追究刑事责任；尚不构成犯罪的，由国家安全机关予以警告或者处十日以下行政拘留，可以并处三万元以下罚款：

（一）泄露有关反间谍工作的国家秘密；

（二）明知他人有间谍犯罪行为，在国家安全机关向其调查有关情况、收集有关证据时，拒绝提供；

（三）故意阻碍国家安全机关依法执行任务；

（四）隐藏、转移、变卖、损毁国家安全机关依法查封、扣押、冻结的财物；

（五）明知是间谍行为的涉案财物而窝藏、转移、收购、代为销售或者以其他方法掩饰、隐瞒；

（六）对依法支持、协助国家安全机关工作的个人和组织进行打击报复。

第六十一条 非法获取、持有属于国家秘密的文件、数据、资料、物品，以及非法生产、销售、持有、使用专用间谍器材，尚不构成犯罪的，由国家安全机关予以警告或者处十日以下行政拘留。

第六十二条 国家安全机关对依照本法查封、扣押、冻结的财物，应当妥善保管，并按照下列情形分别处理：

（一）涉嫌犯罪的，依照《中华人民共和国刑事诉讼法》等有关法律的规定处理；

（二）尚不构成犯罪，有违法事实的，对依法应当没收的予以没收，依法应当销毁的予以销毁；

（三）没有违法事实的，或者与案件无关的，应当解除查封、扣押、冻结，并及时返还相关财物；造成损失的，应当依法予以赔偿。

第六十三条 涉案财物符合下列情形之一的，应当依法予以追缴、没收，或者采取措施消除隐患：

（一）违法所得的财物及其孳息、收益，供实施间谍行为所用的本人财物；

（二）非法获取、持有的属于国家秘密的文件、数据、资料、物品；

（三）非法生产、销售、持有、使用的专用间谍器材。

第六十四条 行为人及其近亲属或者其他相关人员，因行为人实施间谍行为从间谍组织及其代理人获取的所有利益，由国家安全机关依法采取追缴、没收等措施。

第六十五条 国家安全机关依法收缴的罚款以及没收的财物，一律上缴国库。

第六十六条 境外人员违反本法的，国务院国家安全主管部门可以决定限期出境，并决定其不准入境的期限。未在规定期限内离境的，可以遣送出境。

对违反本法的境外人员，国务院国家安全主管部门决定驱逐出境的，自被驱逐出境之日起十年内不准入境，国务院国家安全主管部门的处罚决定为最终决定。

第六十七条 国家安全机关作出行政处罚决定之前，应当告知当事人拟作出的行政处罚内容及事实、理由、依据，以及当事人依法享有的陈述、申辩、要求听证等权利，并依照《中华人民共和国行政处罚法》的有关规定实施。

第六十八条 当事人对行政处罚决定、行政强制措施决定、行政许可决定不服的，可以自收到决定书之日起六十日内，依法申请复议；对复议决定不服的，可以自收到复议决定书之日起十五日内，依法向人民法院提起诉讼。

第六十九条 国家安全机关工作人员滥用职权、玩忽职守、徇私舞弊，或者有非法拘禁、刑讯逼供、暴力取证、违反规定泄露国家秘密、工作秘密、商业秘密和个人隐私、个人信息等行为，依法予以处分，构成犯罪的，依法追究刑事责任。

第六章 附 则

第七十条 国家安全机关依照法律、行政法规和国家有关规定，履行防范、制止和惩治间谍行为以外的危害国家安全行为的职责，适用本法的有关规定。

公安机关在依法履行职责过程中发现、惩治危害国家安全的行为，适用本法的有关规定。

第七十一条 本法自 2023 年 7 月 1 日起施行。

中华人民共和国反间谍法实施细则[①]

（2017年11月22日中华人民共和国国务院令第692号公布　自公布之日起施行）

第一章　总　　则

第一条　根据《中华人民共和国反间谍法》（以下简称《反间谍法》），制定本实施细则。

第二条　国家安全机关负责本细则的实施。

公安、保密行政管理等其他有关部门和军队有关部门按照职责分工，密切配合，加强协调，依法做好有关工作。

第三条　《反间谍法》所称“境外机构、组织”包括境外机构、组织在中华人民共和国境内设立的分支（代表）机构和分支组织；所称“境外个人”包括居住在中华人民共和国境内不具有中华人民共和国国籍的人。

第四条　《反间谍法》所称“间谍组织代理人”，是指受间谍组织或者其成员的指使、委托、资助，进行或者授意、指使他人进行危害中华人民共和国国家安全活动

① 本实施细则根据2014年十二届全国人大常委会第十一次会议通过的《中华人民共和国反间谍法》制定。2023年4月26日十四届全国人大常委会第二次会议对反间谍法做了修订。——编者注

的人。

间谍组织和间谍组织代理人由国务院国家安全主管部门确认。

第五条　《反间谍法》所称“敌对组织”，是指敌视中华人民共和国人民民主专政的政权和社会主义制度，危害国家安全的组织。

敌对组织由国务院国家安全主管部门或者国务院公安部门确认。

第六条　《反间谍法》所称“资助”实施危害中华人民共和国国家安全的间谍行为，是指境内外机构、组织、个人的下列行为：

（一）向实施间谍行为的组织、个人提供经费、场所和物资的；

（二）向组织、个人提供用于实施间谍行为的经费、场所和物资的。

第七条　《反间谍法》所称“勾结”实施危害中华人民共和国国家安全的间谍行为，是指境内外组织、个人的下列行为：

（一）与境外机构、组织、个人共同策划或者进行危害国家安全的间谍活动的；

（二）接受境外机构、组织、个人的资助或者指使，进行危害国家安全的间谍活动的；

（三）与境外机构、组织、个人建立联系，取得支持、帮助，进行危害国家安全的间谍活动的。

第八条 下列行为属于《反间谍法》第三十九条所称“间谍行为以外的其他危害国家安全行为”：

（一）组织、策划、实施分裂国家、破坏国家统一，颠覆国家政权、推翻社会主义制度的；

（二）组织、策划、实施危害国家安全的恐怖活动的；

（三）捏造、歪曲事实，发表、散布危害国家安全的文字或者信息，或者制作、传播、出版危害国家安全的音像制品或者其他出版物的；

（四）利用设立社会团体或者企业事业组织，进行危害国家安全活动的；

（五）利用宗教进行危害国家安全活动的；

（六）组织、利用邪教进行危害国家安全活动的；

（七）制造民族纠纷，煽动民族分裂，危害国家安全的；

（八）境外个人违反有关规定，不听劝阻，擅自会见境内有危害国家安全行为或者有危害国家安全行为重大嫌疑的人员的。

第二章 国家安全机关在反间谍工作中的职权

第九条 境外个人被认为入境后可能进行危害中华人民共和国国家安全活动的，国务院国家安全主管部门可以决定其在一定时期内不得入境。

第十条 对背叛祖国、危害国家安全的犯罪嫌疑人，依据《反间谍法》第八条的规定，国家安全机关可以通缉、追捕。

第十一条 国家安全机关依法执行反间谍工作任务时，有权向有关组织和人员调查询问有关情况。

第十二条 国家安全机关工作人员依法执行反间谍工作任务时，对发现身份不明、有危害国家安全行为的嫌疑人员，可以检查其随带物品。

第十三条 国家安全机关执行反间谍工作紧急任务的车辆，可以配置特别通行标志和警灯、警报器。

第十四条 国家安全机关工作人员依法执行反间谍工作任务的行为，不受其他组织和个人的非法干涉。

国家安全机关工作人员依法执行反间谍工作任务时，应当出示国家安全部侦察证或者其他相应证件。

国家安全机关及其工作人员在工作中，应当严格依法办事，不得超越职权、滥用职权，不得侵犯组织和个人的合法权益。

第三章 公民和组织维护国家安全的义务和权利

第十五条 机关、团体和其他组织对本单位的人员进行维护国家安全的教育，动员、组织本单位的人员防范、制止间谍行为的工作，应当接受国家安全机关的协调和指导。

机关、团体和其他组织不履行《反间谍法》和本细则规定的安全防范义务，未按照要求整改或者未达到整改要求的，国家安全机关可以约谈相关负责人，将约谈情况通报该单位上级主管部门，推动落实防范间谍行为和其他危害国家安全行为的责任。

第十六条　下列情形属于《反间谍法》第七条所称“重大贡献”：

（一）为国家安全机关提供重要线索，发现、破获严重危害国家安全的犯罪案件的；

（二）为国家安全机关提供重要情况，防范、制止严重危害国家安全的行为发生的；

（三）密切配合国家安全机关执行国家安全工作任务，表现突出的；

（四）为维护国家安全，与危害国家安全的犯罪分子进行斗争，表现突出的；

（五）在教育、动员、组织本单位的人员防范、制止危害国家安全行为的工作中，成绩显著的。

第十七条　《反间谍法》第二十四条所称“非法持有属于国家秘密的文件、资料和其他物品”是指：

（一）不应知悉某项国家秘密的人员携带、存放属于该项国家秘密的文件、资料和其他物品的；

（二）可以知悉某项国家秘密的人员，未经办理手续，私自携带、留存属于该项国家秘密的文件、资料和其他物品的。

第十八条　《反间谍法》第二十五条所称“专用间谍

器材”，是指进行间谍活动特殊需要的下列器材：

（一）暗藏式窃听、窃照器材；

（二）突发式收发报机、一次性密码本、密写工具；

（三）用于获取情报的电子监听、截收器材；

（四）其他专用间谍器材。

专用间谍器材的确认，由国务院国家安全主管部门负责。

第四章　法律责任

第十九条　实施危害国家安全的行为，由有关部门依法予以处分，国家安全机关也可以予以警告；构成犯罪的，依法追究刑事责任。

第二十条　下列情形属于《反间谍法》第二十七条所称“立功表现”：

（一）揭发、检举危害国家安全的其他犯罪分子，情况属实的；

（二）提供重要线索、证据，使危害国家安全的行为得以发现和制止的；

（三）协助国家安全机关、司法机关捕获其他危害国家安全的犯罪分子的；

（四）对协助国家安全机关维护国家安全有重要作用的其他行为。

“重大立功表现”，是指在前款所列立功表现的范围内对国家安全工作有特别重要作用的。

第二十一条 有证据证明知道他人有间谍行为，或者经国家安全机关明确告知他人有危害国家安全的犯罪行为，在国家安全机关向其调查有关情况、收集有关证据时，拒绝提供的，依照《反间谍法》第二十九条的规定处理。

第二十二条 国家安全机关依法执行反间谍工作任务时，公民和组织依法有义务提供便利条件或者其他协助，拒不提供或者拒不协助，构成故意阻碍国家安全机关依法执行反间谍工作任务的，依照《反间谍法》第三十条的规定处罚。

第二十三条 故意阻碍国家安全机关依法执行反间谍工作任务，造成国家安全机关工作人员人身伤害或者财物损失的，应当依法承担赔偿责任，并由司法机关或者国家安全机关依照《反间谍法》第三十条的规定予以处罚。

第二十四条 对涉嫌间谍行为的人员，国家安全机关可以决定其在一定期限内不得出境。对违反《反间谍法》的境外个人，国务院国家安全主管部门可以决定限期离境或者驱逐出境，并决定其不得入境的期限。被驱逐出境的境外个人，自被驱逐出境之日起10年内不得入境。

第五章　附　　则

第二十五条 国家安全机关、公安机关依照法律、行政法规和国家有关规定，履行防范、制止和惩治间谍行为以外的其他危害国家安全行为的职责，适用本细则的有关规定。

第二十六条 本细则自公布之日起施行。1994 年 6 月 4 日国务院发布的《中华人民共和国国家安全法实施细则》同时废止。

反间谍安全防范工作规定

（2021 年 4 月 26 日中华人民共和国国家安全部令 2021 年第 1 号公布 自公布之日起施行）

第一章 总 则

第一条 为了加强和规范反间谍安全防范工作，督促机关、团体、企业事业组织和其他社会组织落实反间谍安全防范责任，根据《中华人民共和国国家安全法》《中华人民共和国反间谍法》《中华人民共和国反间谍法实施细则》等有关法律法规，制定本规定。

第二条 机关、团体、企业事业组织和其他社会组织在国家安全机关的协调和指导下开展反间谍安全防范工作，适用本规定。

第三条 开展反间谍安全防范工作，应当坚持中央统一领导，坚持总体国家安全观，坚持专门工作与群众路线相结合，坚持人防物防技防相结合，严格遵守法定权限和程序，尊重和保障人权，保护公民、组织的合法权益。

第四条 机关、团体、企业事业组织和其他社会组织承担本单位反间谍安全防范工作的主体责任，应当对本单位的人员进行维护国家安全的教育，动员、组织本单位的人员防范、制止间谍行为和其他危害国家安全的行为。

行业主管部门在其职权范围内，监督管理本行业反间谍安全防范工作。

第五条 各级国家安全机关按照管理权限，依法对机关、团体、企业事业组织和其他社会组织开展反间谍安全防范工作进行业务指导和督促检查。

第六条 国家安全机关及其工作人员对履行反间谍安全防范指导和检查工作职责中知悉的国家秘密、工作秘密、商业秘密、个人隐私和个人信息，应当严格保密，不得泄露或者向他人非法提供。

第二章 反间谍安全防范责任

第七条 行业主管部门应当履行下列反间谍安全防范监督管理责任：

（一）根据主管行业特点，明确本行业反间谍安全防范工作要求；

（二）配合国家安全机关制定主管行业反间谍安全防范重点单位名录、开展反间谍安全防范工作；

（三）指导、督促主管行业所属重点单位履行反间谍安全防范义务；

（四）其他应当履行的反间谍安全防范行业管理责任。

有关行业主管部门应当与国家安全机关建立健全反间谍安全防范协作机制，加强信息互通、情况会商、协同指导、联合督查，共同做好反间谍安全防范工作。

第八条 机关、团体、企业事业组织和其他社会组织应当落实反间谍安全防范主体责任，履行下列义务：

（一）开展反间谍安全防范教育、培训，提高本单位人员的安全防范意识和应对能力；

（二）加强本单位反间谍安全防范管理，落实有关安全防范措施；

（三）及时向国家安全机关报告涉及间谍行为和其他危害国家安全行为的可疑情况；

（四）为国家安全机关依法执行任务提供便利或者其他协助；

（五）妥善应对和处置涉及本单位和本单位人员的反间谍安全防范突发情况；

（六）其他应当履行的反间谍安全防范义务。

第九条 国家安全机关根据单位性质、所属行业、涉密等级、涉外程度以及是否发生过危害国家安全案事件等因素，会同有关部门制定并定期调整反间谍安全防范重点单位名录，以书面形式告知重点单位。反间谍安全防范重点单位除履行本规定第八条规定的义务外，还应当履行下列义务：

（一）建立健全反间谍安全防范工作制度；

（二）明确本单位相关机构和人员承担反间谍安全防范职责；

（三）加强对涉密事项、场所、载体、数据、岗位和人员的日常安全防范管理，对涉密人员实行上岗前反间谍安全防范审查，与涉密人员签订安全防范承诺书；

（四）组织涉密、涉外人员向本单位报告涉及国家安全事项，并做好数据信息动态管理；

（五）做好涉外交流合作中的反间谍安全防范工作，制定并落实有关预案措施；

（六）做好本单位出国（境）团组、人员和长期驻外人员的反间谍安全防范行前教育、境外管理和回国（境）访谈工作；

（七）定期对涉密、涉外人员开展反间谍安全防范教育、培训；

（八）按照反间谍技术安全防范标准，配备必要的设备、设施，落实有关技术安全防范措施；

（九）定期对本单位反间谍安全防范工作进行自查，及时发现和消除安全隐患。

第十条 关键信息基础设施运营者除履行本规定第八条规定的义务外，还应当履行下列义务：

（一）对本单位安全管理机构负责人和关键岗位人员进行反间谍安全防范审查；

（二）定期对从业人员进行反间谍安全防范教育、培训；

（三）采取反间谍技术安全防范措施，防范、制止境外网络攻击、网络入侵、网络窃密等间谍行为，保障网络和信息核心技术、关键基础设施和重要领域信息系统及数据的安全。

列入反间谍安全防范重点单位名录的关键信息基础设施运营者，还应当履行本规定第九条规定的义务。

第三章 反间谍安全防范指导

第十一条 国家安全机关可以通过下列方式，对机关、团体、企业事业组织和其他社会组织落实反间谍安全防范责任进行指导：

（一）提供工作手册、指南等宣传教育材料；

（二）印发书面指导意见；

（三）举办工作培训；

（四）召开工作会议；

（五）提醒、劝告；

（六）其他指导方式。

第十二条 国家安全机关定期分析反间谍安全防范形势，开展风险评估，通报有关单位，向有关单位提出加强和改进反间谍安全防范工作的意见和建议。

第十三条 国家安全机关运用网络、媒体平台、国家安全教育基地（馆）等，开展反间谍安全防范宣传教育。

第十四条 国家安全机关会同教育主管部门，指导学校向全体师生开展反间谍安全防范教育，对参加出国（境）学习、交流的师生加强反间谍安全防范行前教育和回国（境）访谈。

第十五条 国家安全机关会同科技主管部门，指导各类科研机构向科研人员开展反间谍安全防范教育，对参加出国（境）学习、交流的科研人员加强反间谍安全防范行前教育和回国（境）访谈。

第十六条 国家安全机关会同有关部门，组织、动员居（村）民委员会结合本地实际配合开展群众性反间谍安全防范宣传教育。

第十七条 国家安全机关会同宣传主管部门，协调和指导广播、电视、报刊、互联网等媒体开展反间谍安全防范宣传活动，制作、刊登、播放反间谍安全防范公益广告、典型案例、宣传教育节目或者其他宣传品，提高公众反间谍安全防范意识。

第十八条 公民、组织可以通过国家安全机关 12339 举报受理电话、网络举报受理平台或者国家安全机关公布的其他举报方式，举报间谍行为和其他危害国家安全的行为，以及各类反间谍安全防范问题线索。

第十九条 国家安全机关应当严格为举报人保密，保护举报人的人身财产安全。未经举报人同意，不得以任何方式公开或者泄露其个人信息。

公民因举报间谍行为或者其他危害国家安全行为，本

人或者其近亲属的人身安全面临危险的，可以向国家安全机关请求予以保护。国家安全机关应当会同有关部门依法采取保护措施。

第二十条 对反间谍安全防范工作中取得显著成绩或者做出重大贡献的单位和个人，符合下列条件之一的，国家安全机关可以按照国家有关规定，会同有关部门、单位给予表彰、奖励：

（一）提供重要情况或者线索，为国家安全机关发现、破获间谍案件或者其他危害国家安全案件，或者为有关单位防范、消除涉及国家安全的重大风险隐患或者现实危害发挥重要作用的；

（二）密切配合国家安全机关执行任务，表现突出的；

（三）防范、制止间谍行为或者其他危害国家安全行为，表现突出的；

（四）主动采取措施，及时消除本单位涉及国家安全的重大风险隐患或者现实危害，挽回重大损失的；

（五）在反间谍安全防范工作中，有重大创新或者成效特别显著的；

（六）在反间谍安全防范工作中做出其他重大贡献的。

第四章 反间谍安全防范检查

第二十一条 国家安全机关对有下列情形之一的，经设区的市级以上国家安全机关负责人批准，并出具法律文书，可以对机关、团体、企业事业组织和其他社会组织开展反间谍安全防范检查：

（一）发现反间谍安全防范风险隐患；

（二）接到反间谍安全防范问题线索举报；

（三）依据有关单位的申请；

（四）因其他反间谍安全防范工作需要。

第二十二条 国家安全机关可以通过下列方式对机关、团体、企业事业组织和其他社会组织的反间谍安全防范工作进行检查：

（一）向有关单位和人员了解情况；

（二）调阅有关资料；

（三）听取有关工作说明；

（四）进入有关单位、场所实地查看；

（五）查验电子通信工具、器材等设备、设施；

（六）反间谍技术防范检查和检测；

（七）其他法律、法规、规章授权的检查方式。

第二十三条 经设区的市级以上国家安全机关负责人批准，国家安全机关可以对存在风险隐患的机关、团体、企业事业组织和其他社会组织的相关部位、场所和建筑物、内部设备设施、强弱电系统、计算机网络及信息系统、关键信息基础设施等开展反间谍技术防范检查检测，防范、发现和处置危害国家安全的情况。

第二十四条 国家安全机关可以采取下列方式开展反间谍技术防范检查检测：

（一）进入有关单位、场所，进行现场技术检查；

（二）使用专用设备，对有关部位、场所、链路、网络进行技术检测；

（三）对有关设备设施、网络、系统进行远程技术检测。

第二十五条 国家安全机关开展反间谍技术防范现场检查检测时，检查人员不得少于两人，并应当出示相应证件。

国家安全机关开展远程技术检测，应当事先告知被检测对象检测时间、检测范围等事项。

检查检测人员应当制作检查检测记录，如实记录检查检测情况。

第二十六条 国家安全机关在开展反间谍技术防范检查检测中，为防止危害发生或者扩大，可以依法责令被检查对象采取技术屏蔽、隔离、拆除或者停止使用相关设备设施、网络、系统等整改措施，指导和督促有关措施的落实，并在检查检测记录中注明。

第二十七条 国家安全机关可以根据反间谍安全防范检查情况，向被检查单位提出加强和改进反间谍安全防范工作的意见和建议，督促有关单位落实反间谍安全防范责任和义务。

第五章 法律责任

第二十八条 机关、团体、企业事业组织和其他社会组织违反本规定，有下列情形之一的，国家安全机关可以依法责令限期整改；被责令整改单位应当于整改期限届满前向国家安全机关提交整改报告，国家安全机关应当自收到整改报告之日起十五个工作日内对整改情况进行检查：

（一）不认真履行反间谍安全防范责任和义务，安全防范工作措施不落实或者落实不到位，存在明显问题隐患的；

（二）不接受国家安全机关反间谍安全防范指导和检查的；

（三）发生间谍案件，叛逃案件，为境外窃取、刺探、收买、非法提供国家秘密、情报案件，以及其他危害国家安全案事件的；

（四）发现涉及间谍行为和其他危害国家安全行为的可疑情况，迟报、漏报、瞒报，造成不良后果或者影响的；

（五）不配合或者阻碍国家安全机关依法执行任务的。

对未按照要求整改或者未达到整改要求的，国家安全机关可以依法约谈相关负责人，并将约谈情况通报该单位上级主管部门。

第二十九条 机关、团体、企业事业组织和其他社会组织及其工作人员未履行或者未按照规定履行反间谍安全防范责任和义务，造成不良后果或者影响的，国家安全机关可以向有关机关、单位移送问题线索，建议有关机关、单位按照管理权限对负有责任的领导人员和直接责任人员依规依纪依法予以处理；构成犯罪的，依法追究刑事责任。

第三十条 国家安全机关及其工作人员在反间谍安全

防范指导和检查工作中，滥用职权、玩忽职守、徇私舞弊的，对负有责任的领导人员和直接责任人员依规依纪依法予以处理；构成犯罪的，依法追究刑事责任。

第六章　附　则

第三十一条　本规定自公布之日起施行。

中华人民共和国国家安全法

（2015年7月1日第十二届全国人民代表大会常务委员会第十五次会议通过　2015年7月1日中华人民共和国主席令第29号公布　自公布之日起施行）

目　录

第一章　总　则

第二章　维护国家安全的任务

第三章　维护国家安全的职责

第四章　国家安全制度

　第一节　一般规定

　第二节　情报信息

第三节　风险预防、评估和预警
第四节　审查监管
第五节　危机管控
第五章　国家安全保障
第六章　公民、组织的义务和权利
第七章　附　　则

第一章　总　　则

第一条　为了维护国家安全，保卫人民民主专政的政权和中国特色社会主义制度，保护人民的根本利益，保障改革开放和社会主义现代化建设的顺利进行，实现中华民族伟大复兴，根据宪法，制定本法。

第二条　国家安全是指国家政权、主权、统一和领土完整、人民福祉、经济社会可持续发展和国家其他重大利益相对处于没有危险和不受内外威胁的状态，以及保障持续安全状态的能力。

第三条　国家安全工作应当坚持总体国家安全观，以人民安全为宗旨，以政治安全为根本，以经济安全为基础，以军事、文化、社会安全为保障，以促进国际安全为依托，维护各领域国家安全，构建国家安全体系，走中国特色国家安全道路。

第四条　坚持中国共产党对国家安全工作的领导，建立集中统一、高效权威的国家安全领导体制。

第五条　中央国家安全领导机构负责国家安全工作的决策和议事协调，研究制定、指导实施国家安全战略和有关重大方针政策，统筹协调国家安全重大事项和重要工作，推动国家安全法治建设。

第六条　国家制定并不断完善国家安全战略，全面评估国际、国内安全形势，明确国家安全战略的指导方针、中长期目标、重点领域的国家安全政策、工作任务和措施。

第七条　维护国家安全，应当遵守宪法和法律，坚持社会主义法治原则，尊重和保障人权，依法保护公民的权利和自由。

第八条　维护国家安全，应当与经济社会发展相协调。

国家安全工作应当统筹内部安全和外部安全、国土安全和国民安全、传统安全和非传统安全、自身安全和共同安全。

第九条　维护国家安全，应当坚持预防为主、标本兼治，专门工作与群众路线相结合，充分发挥专门机关和其他有关机关维护国家安全的职能作用，广泛动员公民和组织，防范、制止和依法惩治危害国家安全的行为。

第十条　维护国家安全，应当坚持互信、互利、平等、协作，积极同外国政府和国际组织开展安全交流合作，履行国际安全义务，促进共同安全，维护世界和平。

第十一条　中华人民共和国公民、一切国家机关和武装力量、各政党和各人民团体、企业事业组织和其他社会组织，都有维护国家安全的责任和义务。

中国的主权和领土完整不容侵犯和分割。维护国家主权、统一和领土完整是包括港澳同胞和台湾同胞在内的全中国人民的共同义务。

第十二条 国家对在维护国家安全工作中作出突出贡献的个人和组织给予表彰和奖励。

第十三条 国家机关工作人员在国家安全工作和涉及国家安全活动中，滥用职权、玩忽职守、徇私舞弊的，依法追究法律责任。

任何个人和组织违反本法和有关法律，不履行维护国家安全义务或者从事危害国家安全活动的，依法追究法律责任。

第十四条 每年4月15日为全民国家安全教育日。

第二章 维护国家安全的任务

第十五条 国家坚持中国共产党的领导，维护中国特色社会主义制度，发展社会主义民主政治，健全社会主义法治，强化权力运行制约和监督机制，保障人民当家作主的各项权利。

国家防范、制止和依法惩治任何叛国、分裂国家、煽动叛乱、颠覆或者煽动颠覆人民民主专政政权的行为；防范、制止和依法惩治窃取、泄露国家秘密等危害国家安全的行为；防范、制止和依法惩治境外势力的渗透、破坏、颠覆、分裂活动。

第十六条 国家维护和发展最广大人民的根本利益，保卫人民安全，创造良好生存发展条件和安定工作生活环境，保障公民的生命财产安全和其他合法权益。

第十七条 国家加强边防、海防和空防建设，采取一切必要的防卫和管控措施，保卫领陆、内水、领海和领空安全，维护国家领土主权和海洋权益。

第十八条 国家加强武装力量革命化、现代化、正规化建设，建设与保卫国家安全和发展利益需要相适应的武装力量；实施积极防御军事战略方针，防备和抵御侵略，制止武装颠覆和分裂；开展国际军事安全合作，实施联合国维和、国际救援、海上护航和维护国家海外利益的军事行动，维护国家主权、安全、领土完整、发展利益和世界和平。

第十九条 国家维护国家基本经济制度和社会主义市场经济秩序，健全预防和化解经济安全风险的制度机制，保障关系国民经济命脉的重要行业和关键领域、重点产业、重大基础设施和重大建设项目以及其他重大经济利益安全。

第二十条 国家健全金融宏观审慎管理和金融风险防范、处置机制，加强金融基础设施和基础能力建设，防范和化解系统性、区域性金融风险，防范和抵御外部金融风险的冲击。

第二十一条 国家合理利用和保护资源能源，有效管控战略资源能源的开发，加强战略资源能源储备，完善资源能源运输战略通道建设和安全保护措施，加强国际资源能源合作，全面提升应急保障能力，保障经济社会发展所需的资源能源持续、可靠和有效供给。

第二十二条 国家健全粮食安全保障体系，保护和提高粮食综合生产能力，完善粮食储备制度、流通体系和市场调控机制，健全粮食安全预警制度，保障粮食供给和质量安全。

第二十三条 国家坚持社会主义先进文化前进方向，继承和弘扬中华民族优秀传统文化，培育和践行社会主义核心价值观，防范和抵制不良文化的影响，掌握意识形态领域主导权，增强文化整体实力和竞争力。

第二十四条 国家加强自主创新能力建设，加快发展自主可控的战略高新技术和重要领域核心关键技术，加强知识产权的运用、保护和科技保密能力建设，保障重大技术和工程的安全。

第二十五条 国家建设网络与信息安全保障体系，提升网络与信息安全保护能力，加强网络和信息技术的创新研究和开发应用，实现网络和信息核心技术、关键基础设施和重要领域信息系统及数据的安全可控；加强网络管理，防范、制止和依法惩治网络攻击、网络入侵、网络窃密、散布违法有害信息等网络违法犯罪行为，维护国家网络空间主权、安全和发展利益。

第二十六条 国家坚持和完善民族区域自治制度，巩固和发展平等团结互助和谐的社会主义民族关系。坚持各民族一律平等，加强民族交往、交流、交融，防范、制止和依法惩治民族分裂活动，维护国家统一、民族团结和社会和谐，实现各民族共同团结奋斗、共同繁荣发展。

第二十七条 国家依法保护公民宗教信仰自由和正常宗教活动，坚持宗教独立自主自办的原则，防范、制止和依法惩治利用宗教名义进行危害国家安全的违法犯罪活动，反对境外势力干涉境内宗教事务，维护正常宗教活动秩序。

国家依法取缔邪教组织，防范、制止和依法惩治邪教违法犯罪活动。

第二十八条 国家反对一切形式的恐怖主义和极端主义，加强防范和处置恐怖主义的能力建设，依法开展情报、调查、防范、处置以及资金监管等工作，依法取缔恐怖活动组织和严厉惩治暴力恐怖活动。

第二十九条 国家健全有效预防和化解社会矛盾的体制机制，健全公共安全体系，积极预防、减少和化解社会矛盾，妥善处置公共卫生、社会安全等影响国家安全和社会稳定的突发事件，促进社会和谐，维护公共安全和社会安定。

第三十条 国家完善生态环境保护制度体系，加大生态建设和环境保护力度，划定生态保护红线，强化生态风险的预警和防控，妥善处置突发环境事件，保障人民赖以生存发展的大气、水、土壤等自然环境和条件不受威胁和破坏，促进人与自然和谐发展。

第三十一条 国家坚持和平利用核能和核技术，加强国际合作，防止核扩散，完善防扩散机制，加强对核设施、核材料、核活动和核废料处置的安全管理、监管和保护，加强核事故应急体系和应急能力建设，防止、控制和消除核事故对公民生命健康和生态环境的危害，不断增强有效应对和防范核威胁、核攻击的能力。

第三十二条 国家坚持和平探索和利用外层空间、国际海底区域和极地，增强安全进出、科学考察、开发利用的能力，加强国际合作，维护我国在外层空间、国际海底区域和极地的活动、资产和其他利益的安全。

第三十三条 国家依法采取必要措施，保护海外中国公民、组织和机构的安全和正当权益，保护国家的海外利益不受威胁和侵害。

第三十四条 国家根据经济社会发展和国家发展利益的需要，不断完善维护国家安全的任务。

第三章 维护国家安全的职责

第三十五条 全国人民代表大会依照宪法规定，决定战争和和平的问题，行使宪法规定的涉及国家安全的其他职权。

全国人民代表大会常务委员会依照宪法规定，决定战争状态的宣布，决定全国总动员或者局部动员，决定全国或者个别省、自治区、直辖市进入紧急状态，行使宪法规定的和全国人民代表大会授予的涉及国家安全的其他职权。

第三十六条 中华人民共和国主席根据全国人民代表大会的决定和全国人民代表大会常务委员会的决定，宣布进入紧急状态，宣布战争状态，发布动员令，行使宪法规定的涉及国家安全的其他职权。

第三十七条 国务院根据宪法和法律，制定涉及国家安全的行政法规，规定有关行政措施，发布有关决定和命令；实施国家安全法律法规和政策；依照法律规定决定省、自治区、直辖市的范围内部分地区进入紧急状态；行使宪法法律规定的和全国人民代表大会及其常务委员会授予的涉及国家安全的其他职权。

第三十八条 中央军事委员会领导全国武装力量，决定军事战略和武装力量的作战方针，统一指挥维护国家安全的军事行动，制定涉及国家安全的军事法规，发布有关决定和命令。

第三十九条 中央国家机关各部门按照职责分工，贯彻执行国家安全方针政策和法律法规，管理指导本系统、本领域国家安全工作。

第四十条 地方各级人民代表大会和县级以上地方各级人民代表大会常务委员会在本行政区域内，保证国家安全法律法规的遵守和执行。

地方各级人民政府依照法律法规规定管理本行政区域内的国家安全工作。

香港特别行政区、澳门特别行政区应当履行维护国家安全的责任。

第四十一条 人民法院依照法律规定行使审判权，人民检察院依照法律规定行使检察权，惩治危害国家安全的犯罪。

第四十二条 国家安全机关、公安机关依法搜集涉及国家安全的情报信息，在国家安全工作中依法行使侦查、拘留、预审和执行逮捕以及法律规定的其他职权。

有关军事机关在国家安全工作中依法行使相关职权。

第四十三条 国家机关及其工作人员在履行职责时，应当贯彻维护国家安全的原则。

国家机关及其工作人员在国家安全工作和涉及国家安全活动中，应当严格依法履行职责，不得超越职权、滥用职权，不得侵犯个人和组织的合法权益。

第四章 国家安全制度

第一节 一般规定

第四十四条 中央国家安全领导机构实行统分结合、协调高效的国家安全制度与工作机制。

第四十五条 国家建立国家安全重点领域工作协调机制，统筹协调中央有关职能部门推进相关工作。

第四十六条 国家建立国家安全工作督促检查和责任追究机制，确保国家安全战略和重大部署贯彻落实。

第四十七条 各部门、各地区应当采取有效措施，贯彻实施国家安全战略。

第四十八条 国家根据维护国家安全工作需要，建立跨部门会商工作机制，就维护国家安全工作的重大事项进行会商研判，提出意见和建议。

第四十九条 国家建立中央与地方之间、部门之间、军地之间以及地区之间关于国家安全的协同联动机制。

第五十条 国家建立国家安全决策咨询机制，组织专家和有关方面开展对国家安全形势的分析研判，推进国家安全的科学决策。

第二节 情报信息

第五十一条 国家健全统一归口、反应灵敏、准确高效、运转顺畅的情报信息收集、研判和使用制度，建立情报信息工作协调机制，实现情报信息的及时收集、准确研判、有效使用和共享。

第五十二条 国家安全机关、公安机关、有关军事机关根据职责分工，依法搜集涉及国家安全的情报信息。

国家机关各部门在履行职责过程中，对于获取的涉及国家安全的有关信息应当及时上报。

第五十三条 开展情报信息工作，应当充分运用现代科学技术手段，加强对情报信息的鉴别、筛选、综合和研判分析。

第五十四条 情报信息的报送应当及时、准确、客观，不得迟报、漏报、瞒报和谎报。

第三节　风险预防、评估和预警

第五十五条　国家制定完善应对各领域国家安全风险预案。

第五十六条　国家建立国家安全风险评估机制，定期开展各领域国家安全风险调查评估。

有关部门应当定期向中央国家安全领导机构提交国家安全风险评估报告。

第五十七条　国家健全国家安全风险监测预警制度，根据国家安全风险程度，及时发布相应风险预警。

第五十八条　对可能即将发生或者已经发生的危害国家安全的事件，县级以上地方人民政府及其有关主管部门应当立即按照规定向上一级人民政府及其有关主管部门报告，必要时可以越级上报。

第四节　审查监管

第五十九条　国家建立国家安全审查和监管的制度和机制，对影响或者可能影响国家安全的外商投资、特定物项和关键技术、网络信息技术产品和服务、涉及国家安全事项的建设项目，以及其他重大事项和活动，进行国家安全审查，有效预防和化解国家安全风险。

第六十条　中央国家机关各部门依照法律、行政法规行使国家安全审查职责，依法作出国家安全审查决定或者提出安全审查意见并监督执行。

第六十一条 省、自治区、直辖市依法负责本行政区域内有关国家安全审查和监管工作。

第五节 危机管控

第六十二条 国家建立统一领导、协同联动、有序高效的国家安全危机管控制度。

第六十三条 发生危及国家安全的重大事件，中央有关部门和有关地方根据中央国家安全领导机构的统一部署，依法启动应急预案，采取管控处置措施。

第六十四条 发生危及国家安全的特别重大事件，需要进入紧急状态、战争状态或者进行全国总动员、局部动员的，由全国人民代表大会、全国人民代表大会常务委员会或者国务院依照宪法和有关法律规定的权限和程序决定。

第六十五条 国家决定进入紧急状态、战争状态或者实施国防动员后，履行国家安全危机管控职责的有关机关依照法律规定或者全国人民代表大会常务委员会规定，有权采取限制公民和组织权利、增加公民和组织义务的特别措施。

第六十六条 履行国家安全危机管控职责的有关机关依法采取处置国家安全危机的管控措施，应当与国家安全危机可能造成的危害的性质、程度和范围相适应；有多种措施可供选择的，应当选择有利于最大程度保护公民、组织权益的措施。

第六十七条 国家健全国家安全危机的信息报告和发

布机制。

国家安全危机事件发生后，履行国家安全危机管控职责的有关机关，应当按照规定准确、及时报告，并依法将有关国家安全危机事件发生、发展、管控处置及善后情况统一向社会发布。

第六十八条 国家安全威胁和危害得到控制或者消除后，应当及时解除管控处置措施，做好善后工作。

第五章 国家安全保障

第六十九条 国家健全国家安全保障体系，增强维护国家安全的能力。

第七十条 国家健全国家安全法律制度体系，推动国家安全法治建设。

第七十一条 国家加大对国家安全各项建设的投入，保障国家安全工作所需经费和装备。

第七十二条 承担国家安全战略物资储备任务的单位，应当按照国家有关规定和标准对国家安全物资进行收储、保管和维护，定期调整更换，保证储备物资的使用效能和安全。

第七十三条 鼓励国家安全领域科技创新，发挥科技在维护国家安全中的作用。

第七十四条 国家采取必要措施，招录、培养和管理国家安全工作专门人才和特殊人才。

根据维护国家安全工作的需要，国家依法保护有关机关专门从事国家安全工作人员的身份和合法权益，加大人身保护和安置保障力度。

第七十五条 国家安全机关、公安机关、有关军事机关开展国家安全专门工作，可以依法采取必要手段和方式，有关部门和地方应当在职责范围内提供支持和配合。

第七十六条 国家加强国家安全新闻宣传和舆论引导，通过多种形式开展国家安全宣传教育活动，将国家安全教育纳入国民教育体系和公务员教育培训体系，增强全民国家安全意识。

第六章 公民、组织的义务和权利

第七十七条 公民和组织应当履行下列维护国家安全的义务：

（一）遵守宪法、法律法规关于国家安全的有关规定；

（二）及时报告危害国家安全活动的线索；

（三）如实提供所知悉的涉及危害国家安全活动的证据；

（四）为国家安全工作提供便利条件或者其他协助；

（五）向国家安全机关、公安机关和有关军事机关提供必要的支持和协助；

（六）保守所知悉的国家秘密；

（七）法律、行政法规规定的其他义务。

任何个人和组织不得有危害国家安全的行为，不得向危害国家安全的个人或者组织提供任何资助或者协助。

第七十八条 机关、人民团体、企业事业组织和其他社会组织应当对本单位的人员进行维护国家安全的教育，动员、组织本单位的人员防范、制止危害国家安全的行为。

第七十九条 企业事业组织根据国家安全工作的要求，应当配合有关部门采取相关安全措施。

第八十条 公民和组织支持、协助国家安全工作的行为受法律保护。

因支持、协助国家安全工作，本人或者其近亲属的人身安全面临危险的，可以向公安机关、国家安全机关请求予以保护。公安机关、国家安全机关应当会同有关部门依法采取保护措施。

第八十一条 公民和组织因支持、协助国家安全工作导致财产损失的，按照国家有关规定给予补偿；造成人身伤害或者死亡的，按照国家有关规定给予抚恤优待。

第八十二条 公民和组织对国家安全工作有向国家机关提出批评建议的权利，对国家机关及其工作人员在国家安全工作中的违法失职行为有提出申诉、控告和检举的权利。

第八十三条 在国家安全工作中，需要采取限制公民权利和自由的特别措施时，应当依法进行，并以维护国家安全的实际需要为限度。

第七章　附　　则

第八十四条　本法自公布之日起施行。

中华人民共和国
境外非政府组织境内活动管理法

（2016年4月28日第十二届全国人民代表大会常务委员会第二十次会议通过　根据2017年11月4日第十二届全国人民代表大会常务委员会第三十次会议《关于修改〈中华人民共和国会计法〉等十一部法律的决定》修正）

目　　录

第一章　总　　则
第二章　登记和备案
第三章　活动规范
第四章　便利措施
第五章　监督管理
第六章　法律责任
第七章　附　　则

第一章　总　　则

第一条　为了规范、引导境外非政府组织在中国境内的活动，保障其合法权益，促进交流与合作，制定本法。

第二条　境外非政府组织在中国境内开展活动适用本法。

本法所称境外非政府组织，是指在境外合法成立的基金会、社会团体、智库机构等非营利、非政府的社会组织。

第三条　境外非政府组织依照本法可以在经济、教育、科技、文化、卫生、体育、环保等领域和济困、救灾等方面开展有利于公益事业发展的活动。

第四条　境外非政府组织在中国境内依法开展活动，受法律保护。

第五条　境外非政府组织在中国境内开展活动应当遵守中国法律，不得危害中国的国家统一、安全和民族团结，不得损害中国国家利益、社会公共利益和公民、法人以及其他组织的合法权益。

境外非政府组织在中国境内不得从事或者资助营利性活动、政治活动，不得非法从事或者资助宗教活动。

第六条　国务院公安部门和省级人民政府公安机关，是境外非政府组织在中国境内开展活动的登记管理机关。

国务院有关部门和单位、省级人民政府有关部门和单位，是境外非政府组织在中国境内开展活动的相应业务主管单位。

第七条 县级以上人民政府公安机关和有关部门在各自职责范围内对境外非政府组织在中国境内开展活动依法实施监督管理、提供服务。

国家建立境外非政府组织监督管理工作协调机制，负责研究、协调、解决境外非政府组织在中国境内开展活动监督管理和服务便利中的重大问题。

第八条 国家对为中国公益事业发展做出突出贡献的境外非政府组织给予表彰。

第二章　登记和备案

第九条 境外非政府组织在中国境内开展活动，应当依法登记设立代表机构；未登记设立代表机构需要在中国境内开展临时活动的，应当依法备案。

境外非政府组织未登记设立代表机构、开展临时活动未经备案的，不得在中国境内开展或者变相开展活动，不得委托、资助或者变相委托、资助中国境内任何单位和个人在中国境内开展活动。

第十条 境外非政府组织符合下列条件，根据业务范围、活动地域和开展活动的需要，可以申请在中国境内登记设立代表机构：

（一）在境外合法成立；

（二）能够独立承担民事责任；

（三）章程规定的宗旨和业务范围有利于公益事业发展；

（四）在境外存续二年以上并实质性开展活动；

（五）法律、行政法规规定的其他条件。

第十一条 境外非政府组织申请登记设立代表机构，应当经业务主管单位同意。

业务主管单位的名录由国务院公安部门和省级人民政府公安机关会同有关部门公布。

第十二条 境外非政府组织应当自业务主管单位同意之日起三十日内，向登记管理机关申请设立代表机构登记。申请设立代表机构登记，应当向登记管理机关提交下列文件、材料：

（一）申请书；

（二）符合本法第十条规定的证明文件、材料；

（三）拟设代表机构首席代表的身份证明、简历及其无犯罪记录证明材料或者声明；

（四）拟设代表机构的住所证明材料；

（五）资金来源证明材料；

（六）业务主管单位的同意文件；

（七）法律、行政法规规定的其他文件、材料。

登记管理机关审查境外非政府组织代表机构设立申请，根据需要可以组织专家进行评估。

登记管理机关应当自受理申请之日起六十日内作出准予登记或者不予登记的决定。

第十三条 对准予登记的境外非政府组织代表机构，

登记管理机关发给登记证书，并向社会公告。登记事项包括：

（一）名称；

（二）住所；

（三）业务范围；

（四）活动地域；

（五）首席代表；

（六）业务主管单位。

境外非政府组织代表机构凭登记证书依法办理税务登记，刻制印章，在中国境内的银行开立银行账户，并将税务登记证件复印件、印章式样以及银行账户报登记管理机关备案。

第十四条 境外非政府组织代表机构需要变更登记事项的，应当自业务主管单位同意之日起三十日内，向登记管理机关申请变更登记。

第十五条 有下列情形之一的，境外非政府组织代表机构由登记管理机关注销登记，并向社会公告：

（一）境外非政府组织撤销代表机构的；

（二）境外非政府组织终止的；

（三）境外非政府组织代表机构依法被撤销登记或者吊销登记证书的；

（四）由于其他原因终止的。

境外非政府组织代表机构注销登记后，设立该代表机构的境外非政府组织应当妥善办理善后事宜。境外非政府组织代表机构不具有法人资格，涉及相关法律责任的，由该境外非政府组织承担。

第十六条 境外非政府组织未在中国境内设立代表机构，在中国境内开展临时活动的，应当与中国的国家机关、人民团体、事业单位、社会组织（以下称中方合作单位）合作进行。

第十七条 境外非政府组织开展临时活动，中方合作单位应当按照国家规定办理审批手续，并在开展临时活动十五日前向其所在地的登记管理机关备案。备案应当提交下列文件、材料：

（一）境外非政府组织合法成立的证明文件、材料；

（二）境外非政府组织与中方合作单位的书面协议；

（三）临时活动的名称、宗旨、地域和期限等相关材料；

（四）项目经费、资金来源证明材料及中方合作单位的银行账户；

（五）中方合作单位获得批准的文件；

（六）法律、行政法规规定的其他文件、材料。

在赈灾、救援等紧急情况下，需要开展临时活动的，备案时间不受前款规定的限制。

临时活动期限不超过一年，确实需要延长期限的，应当重新备案。

登记管理机关认为备案的临时活动不符合本法第五条规定的，应当及时通知中方合作单位停止临时活动。

第三章 活动规范

第十八条 境外非政府组织代表机构应当以登记的名称，在登记的业务范围和活动地域内开展活动。

境外非政府组织不得在中国境内设立分支机构，国务院另有规定的除外。

第十九条 境外非政府组织代表机构应当于每年12月31日前将包含项目实施、资金使用等内容的下一年度活动计划报业务主管单位，业务主管单位同意后十日内报登记管理机关备案。特殊情况下需要调整活动计划的，应当及时向登记管理机关备案。

第二十条 境外非政府组织在中国境内开展活动不得对中方合作单位、受益人附加违反中国法律法规的条件。

第二十一条 境外非政府组织在中国境内活动资金包括：

（一）境外合法来源的资金；

（二）中国境内的银行存款利息；

（三）中国境内合法取得的其他资金。

境外非政府组织在中国境内活动不得取得或者使用前款规定以外的资金。

境外非政府组织及其代表机构不得在中国境内进行募捐。

第二十二条 设立代表机构的境外非政府组织应当通过代表机构在登记管理机关备案的银行账户管理用于中国

境内的资金。

开展临时活动的境外非政府组织应当通过中方合作单位的银行账户管理用于中国境内的资金，实行单独记账，专款专用。

未经前两款规定的银行账户，境外非政府组织、中方合作单位和个人不得以其他任何形式在中国境内进行项目活动资金的收付。

第二十三条 境外非政府组织应当按照代表机构登记的业务范围、活动地域或者与中方合作单位协议的约定使用资金。

第二十四条 境外非政府组织代表机构应当执行中国统一的会计制度。财务会计报告应当经中国境内会计师事务所审计。

第二十五条 境外非政府组织在中国境内开展活动，应当按照中国有关外汇管理的规定办理外汇收支。

第二十六条 境外非政府组织代表机构应当依法办理税务登记、纳税申报和税款缴纳等事项。

第二十七条 境外非政府组织代表机构在中国境内聘用工作人员应当遵守法律、行政法规，并将聘用的工作人员信息报业务主管单位和登记管理机关备案。

第二十八条 境外非政府组织代表机构、开展临时活动的境外非政府组织不得在中国境内发展会员，国务院另有规定的除外。

第二十九条 境外非政府组织代表机构应当设一名首

席代表，可以根据业务需要设一至三名代表。

有下列情形之一的，不得担任首席代表、代表：

（一）无民事行为能力或者限制民事行为能力的；

（二）有犯罪记录的；

（三）依法被撤销登记、吊销登记证书的代表机构的首席代表、代表，自被撤销、吊销之日起未逾五年的；

（四）法律、行政法规规定的其他情形。

第三十条 开展临时活动的境外非政府组织，应当以经备案的名称开展活动。

境外非政府组织、中方合作单位应当于临时活动结束后三十日内将活动情况、资金使用情况等书面报送登记管理机关。

第三十一条 境外非政府组织代表机构应当于每年1月31日前向业务主管单位报送上一年度工作报告，经业务主管单位出具意见后，于3月31日前报送登记管理机关，接受年度检查。

年度工作报告应当包括经审计的财务会计报告、开展活动的情况以及人员和机构变动的情况等内容。

境外非政府组织代表机构应当将年度工作报告在登记管理机关统一的网站上向社会公开。

第三十二条 中国境内任何单位和个人不得接受未登记代表机构、开展临时活动未经备案的境外非政府组织的委托、资助，代理或者变相代理境外非政府组织在中国境内开展活动。

第四章　便利措施

第三十三条　国家保障和支持境外非政府组织在中国境内依法开展活动。各级人民政府有关部门应当为境外非政府组织在中国境内依法开展活动提供必要的便利和服务。

第三十四条　国务院公安部门和省级人民政府公安机关会同有关部门制定境外非政府组织活动领域和项目目录，公布业务主管单位名录，为境外非政府组织开展活动提供指引。

第三十五条　县级以上人民政府有关部门应当依法为境外非政府组织提供政策咨询、活动指导服务。

登记管理机关应当通过统一的网站，公布境外非政府组织申请设立代表机构以及开展临时活动备案的程序，供境外非政府组织查询。

第三十六条　境外非政府组织代表机构依法享受税收优惠等政策。

第三十七条　对境外非政府组织代表机构进行年度检查不得收取费用。

第三十八条　境外非政府组织代表机构首席代表和代表中的境外人员，可以凭登记证书、代表证明文件等依法办理就业等工作手续。

第五章　监督管理

第三十九条　境外非政府组织在中国境内开展活动，应当接受公安机关、有关部门和业务主管单位的监督管理。

第四十条　业务主管单位负责对境外非政府组织设立代表机构、变更登记事项、年度工作报告提出意见，指导、监督境外非政府组织及其代表机构依法开展活动，协助公安机关等部门查处境外非政府组织及其代表机构的违法行为。

第四十一条　公安机关负责境外非政府组织代表机构的登记、年度检查，境外非政府组织临时活动的备案，对境外非政府组织及其代表机构的违法行为进行查处。

公安机关履行监督管理职责，发现涉嫌违反本法规定行为的，可以依法采取下列措施：

（一）约谈境外非政府组织代表机构的首席代表以及其他负责人；

（二）进入境外非政府组织在中国境内的住所、活动场所进行现场检查；

（三）询问与被调查事件有关的单位和个人，要求其对与被调查事件有关的事项作出说明；

（四）查阅、复制与被调查事件有关的文件、资料，对可能被转移、销毁、隐匿或者篡改的文件、资料予以封存；

（五）查封或者扣押涉嫌违法活动的场所、设施或者财物。

第四十二条 公安机关可以查询与被调查事件有关的单位和个人的银行账户，有关金融机构、金融监督管理机构应当予以配合。对涉嫌违法活动的银行账户资金，经设区的市级以上人民政府公安机关负责人批准，可以提请人民法院依法冻结；对涉嫌犯罪的银行账户资金，依照《中华人民共和国刑事诉讼法》的规定采取冻结措施。

第四十三条 国家安全、外交外事、财政、金融监督管理、海关、税务、外国专家等部门按照各自职责对境外非政府组织及其代表机构依法实施监督管理。

第四十四条 国务院反洗钱行政主管部门依法对境外非政府组织代表机构、中方合作单位以及接受境外非政府组织资金的中国境内单位和个人开立、使用银行账户过程中遵守反洗钱和反恐怖主义融资法律规定的情况进行监督管理。

第六章 法律责任

第四十五条 境外非政府组织代表机构、开展临时活动的境外非政府组织或者中方合作单位有下列情形之一的，由设区的市级以上人民政府公安机关给予警告或者责令限期停止活动；没收非法财物和违法所得；情节严重的，由登记管理机关吊销登记证书、取缔临时活动：

（一）未按照规定办理变更登记、备案相关事项的；

（二）未按照登记或者备案的名称、业务范围、活动地域开展活动的；

（三）从事、资助营利性活动，进行募捐或者违反规定发展会员的；

（四）违反规定取得、使用资金，未按照规定开立、使用银行账户或者进行会计核算的；

（五）未按照规定报送年度活动计划、报送或者公开年度工作报告的；

（六）拒不接受或者不按照规定接受监督检查的。

境外非政府组织代表机构、开展临时活动的境外非政府组织或者中方合作单位以提供虚假材料等非法手段，取得代表机构登记证书或者进行临时活动备案的，或者有伪造、变造、买卖、出租、出借登记证书、印章行为的，依照前款规定处罚。

第四十六条 有下列情形之一的，由设区的市级以上人民政府公安机关予以取缔或者责令停止违法行为；没收非法财物和违法所得；对直接责任人员给予警告，情节严重的，处十日以下拘留：

（一）未经登记、备案，以境外非政府组织代表机构、境外非政府组织名义开展活动的；

（二）被撤销登记、吊销登记证书或者注销登记后以境外非政府组织代表机构名义开展活动的；

（三）境外非政府组织临时活动期限届满或者临时活

动被取缔后在中国境内开展活动的；

（四）境外非政府组织未登记代表机构、临时活动未备案，委托、资助中国境内单位和个人在中国境内开展活动的。

中国境内单位和个人明知境外非政府组织未登记代表机构、临时活动未备案，与其合作的，或者接受其委托、资助，代理或者变相代理其开展活动、进行项目活动资金收付的，依照前款规定处罚。

第四十七条 境外非政府组织、境外非政府组织代表机构有下列情形之一的，由登记管理机关吊销登记证书或者取缔临时活动；尚不构成犯罪的，由设区的市级以上人民政府公安机关对直接责任人员处十五日以下拘留：

（一）煽动抗拒法律、法规实施的；

（二）非法获取国家秘密的；

（三）造谣、诽谤或者发表、传播其他有害信息，危害国家安全或者损害国家利益的；

（四）从事或者资助政治活动，非法从事或者资助宗教活动的；

（五）有其他危害国家安全、损害国家利益或者社会公共利益情形的。

境外非政府组织、境外非政府组织代表机构有分裂国家、破坏国家统一、颠覆国家政权等犯罪行为的，由登记管理机关依照前款规定处罚，对直接责任人员依法追究刑事责任。

第四十八条 境外非政府组织、境外非政府组织代表机构违反本法规定被撤销登记、吊销登记证书或者临时活动被取缔的，自被撤销、吊销、取缔之日起五年内，不得在中国境内再设立代表机构或者开展临时活动。

未登记代表机构或者临时活动未备案开展活动的境外非政府组织，自活动被取缔之日起五年内，不得在中国境内再设立代表机构或者开展临时活动。

有本法第四十七条规定情形之一的境外非政府组织，国务院公安部门可以将其列入不受欢迎的名单，不得在中国境内再设立代表机构或者开展临时活动。

第四十九条 境外非政府组织代表机构被责令限期停止活动的，由登记管理机关封存其登记证书、印章和财务凭证。对被撤销登记、吊销登记证书的，由登记管理机关收缴其登记证书、印章并公告作废。

第五十条 境外人员违反本法规定的，有关机关可以依法限期出境、遣送出境或者驱逐出境。

第五十一条 公安机关、有关部门和业务主管单位及其工作人员在境外非政府组织监督管理工作中，不履行职责或者滥用职权、玩忽职守、徇私舞弊的，依法追究法律责任。

第五十二条 违反本法规定，构成违反治安管理行为的，由公安机关依法给予治安管理处罚；构成犯罪的，依法追究刑事责任。

第七章　附　　则

第五十三条　境外学校、医院、自然科学和工程技术的研究机构或者学术组织与境内学校、医院、自然科学和工程技术的研究机构或者学术组织开展交流合作，按照国家有关规定办理。

前款规定的境外学校、医院、机构和组织在中国境内的活动违反本法第五条规定的，依法追究法律责任。

第五十四条　本法自2017年1月1日起施行。

公民举报危害国家安全行为奖励办法

（2022年6月6日中华人民共和国国家安全部令第2号公布　自公布之日起施行）

第一章　总　　则

第一条　为了鼓励公民举报危害国家安全行为，规范危害国家安全行为举报奖励工作，动员全社会力量共同维护国家安全，根据《中华人民共和国国家安全法》《中华人民共和国反间谍法》《中华人民共和国反间谍法实施细则》等法律法规，制定本办法。

第二条 国家安全机关在法定职责范围内对公民举报危害国家安全行为实施奖励，适用本办法。

第三条 对举报危害国家安全行为的公民实施奖励，应当贯彻总体国家安全观，坚持国家安全一切为了人民、一切依靠人民，坚持专门工作与群众路线相结合，坚持客观公正、依法依规。

第四条 公民可以通过下列方式向国家安全机关举报：

（一）拨打国家安全机关 12339 举报受理电话；

（二）登录国家安全机关互联网举报受理平台网站 www. 12339. gov. cn；

（三）向国家安全机关投递信函；

（四）到国家安全机关当面举报；

（五）通过其他国家机关或者举报人所在单位向国家安全机关报告；

（六）其他举报方式。

第五条 公民可以实名或者匿名进行举报。实名举报应当提供真实身份信息和有效联系方式。匿名举报人有奖励诉求的，应当提供能够辨识其举报身份的信息。

提倡和鼓励实名举报。

第六条 国家安全机关以及依法知情的其他组织和个人应当严格为举报人保密，未经举报人同意，不得以任何方式泄露举报人身份相关信息。

因举报危害国家安全行为，举报人本人或者其近亲属的人身安全面临危险的，可以向国家安全机关请求予以保护。国家安全机关应当会同有关部门依法采取有效保护措施。国家安全机关认为有必要的，应当依职权及时、主动采取保护措施。

第七条 国家安全机关会同宣传主管部门，协调和指导广播、电视、报刊、互联网等媒体对举报危害国家安全行为的渠道方式、典型案例、先进事迹等进行宣传，制作、刊登、播放有关公益广告、宣传教育节目或者其他宣传品，增强公民维护国家安全意识，提高公民举报危害国家安全行为的积极性、主动性。

第二章 奖励条件、方式和标准

第八条 获得举报奖励应当同时符合下列条件：

（一）有明确的举报对象，或者具体的危害国家安全行为线索或者情况；

（二）举报事项事先未被国家安全机关掌握，或者虽被国家安全机关有所掌握，但举报人提供的情况更为具体详实；

（三）举报内容经国家安全机关查证属实，为防范、制止和惩治危害国家安全行为发挥了作用、作出了贡献。

第九条 有下列情形之一的，不予奖励或者不予重复奖励：

（一）国家安全机关工作人员或者其他具有法定职责的人员举报的，不予奖励；

（二）无法验证举报人身份，或者无法与举报人取得联系的，不予奖励；

（三）最终认定的违法事实与举报事项不一致的，不予奖励；

（四）对同一举报人的同一举报事项，不予重复奖励；对同一举报人提起的两个或者两个以上有包含关系的举报事项，相同内容部分不予重复奖励；

（五）经由举报线索调查发现新的危害国家安全行为或者违法主体的，不予重复奖励；

（六）其他不符合法律法规规章规定的奖励情形。

第十条 两人及两人以上举报的，按照下列规则进行奖励认定：

（一）同一事项由两个及两个以上举报人分别举报的，奖励最先举报人，举报次序以国家安全机关受理举报的登记时间为准，最先举报人以外的其他举报人可以酌情给予奖励；

（二）两人及两人以上联名举报同一线索或者情况的，按同一举报奖励。

第十一条 国家安全机关根据违法线索查证结果、违法行为危害程度、举报发挥作用情况等，综合评估确定奖励等级，给予精神奖励或者物质奖励。

给予精神奖励的，颁发奖励证书；给予物质奖励的，发放奖金。

征得举报人及其所在单位同意后，可以由举报人所在单位对举报人实施奖励。

第十二条 以发放奖金方式进行奖励的，具体标准如下：

（一）对防范、制止和惩治危害国家安全行为发挥一定作用、作出一定贡献的，给予人民币1万元以下奖励；

（二）对防范、制止和惩治危害国家安全行为发挥重要作用、作出重要贡献的，给予人民币1万元至3万元奖励；

（三）对防范、制止和惩治严重危害国家安全行为发挥重大作用、作出重大贡献的，给予人民币3万元至10万元奖励；

（四）对防范、制止和惩治严重危害国家安全行为发挥特别重大作用、作出特别重大贡献的，给予人民币10万元以上奖励。

第三章 奖励程序

第十三条 对于符合本办法规定的奖励条件的举报，应当在举报查证属实、依法对危害国家安全行为作出处理后30个工作日内，由设区的市级以上国家安全机关启动奖励程序。

第十四条 国家安全机关应当根据本办法第十一条、第十二条，认定奖励等级，作出奖励决定。

第十五条 国家安全机关应当在作出奖励决定之日起

10 个工作日内，以适当方式将奖励决定告知举报人。

举报人放弃奖励的，终止奖励程序。

第十六条 举报人应当在被告知奖励决定之日起 6 个月内，由本人或者委托他人领取奖励。

因特殊情况无法按期领取奖励的，可以延长奖励领取期限，最长不超过 3 年。举报人无正当理由逾期未领取奖励的，视为主动放弃。

第十七条 征得举报人同意后，国家安全机关可以单独或者会同有关单位，在做好安全保密工作的前提下举行奖励仪式。

第十八条 公民举报危害国家安全行为奖励经费按规定纳入国家安全机关部门预算。

第十九条 国家安全机关应当加强对举报奖金的发放管理。举报奖金的发放，应当依法接受监督。

第四章 法律责任

第二十条 国家安全机关工作人员有下列情形之一的，对负有责任的领导人员和直接责任人员依规依纪依法予以处理；构成犯罪的，依法追究刑事责任：

（一）伪造或者教唆、伙同他人伪造举报材料，冒领举报奖金的；

（二）泄露举报或者举报人信息的；

（三）利用在职务活动中知悉的危害国家安全行为有

关线索或者情况，通过他人以举报的方式获取奖励的；

（四）未认真核实举报情况，导致不符合奖励条件的举报人获得奖励的；

（五）对符合举报奖励条件的举报人，无正当理由未按规定要求或者期限给予奖励的；

（六）其他依规依纪依法应当追究责任的情形。

第二十一条 举报人有下列情形之一的，依法予以处理；构成犯罪的，依法追究刑事责任：

（一）借举报之名故意捏造事实诬告、陷害他人的；

（二）弄虚作假骗取奖金的；

（三）恶意举报或者以举报为名制造事端，干扰国家安全机关工作的；

（四）泄露举报中知悉的国家秘密或者工作秘密，造成不良后果或者影响的。

举报人有前款规定情形之一，已经启动奖励程序的，应当终止奖励程序；已经作出奖励决定的，应当予以撤销；已经实施奖励的，应当予以追回。

第二十二条 举报人所在单位有下列情形之一的，依法予以处理：

（一）举报人向所在单位报告危害国家安全行为线索或者情况后，单位不及时向国家安全机关报告或者漏报、瞒报，造成不良后果或者影响的；

（二）举报人向国家安全机关报告危害国家安全行为线索或者情况后，单位对举报人实施打击、报复的。

第五章　附　则

第二十三条　对境外人员举报实施奖励，适用本办法的有关规定。

第二十四条　本办法自公布之日起施行。

中华人民共和国国防法（节录）

（1997年3月14日第八届全国人民代表大会第五次会议通过　根据2009年8月27日第十一届全国人民代表大会常务委员会第十次会议《关于修改部分法律的决定》修正　2020年12月26日第十三届全国人民代表大会常务委员会第二十四次会议修订　2020年12月26日中华人民共和国主席令第67号公布　自2021年1月1日起施行）

……

第三十八条　国家对国防科研生产实行统一领导和计划调控；注重发挥市场机制作用，推进国防科研生产和军事采购活动公平竞争。

国家为承担国防科研生产任务和接受军事采购的组织

和个人依法提供必要的保障条件和优惠政策。地方各级人民政府应当依法对承担国防科研生产任务和接受军事采购的组织和个人给予协助和支持。

承担国防科研生产任务和接受军事采购的组织和个人应当保守秘密，及时高效完成任务，保证质量，提供相应的服务保障。

国家对供应武装力量的武器装备和物资、工程、服务，依法实行质量责任追究制度。

……

第五十四条 企业事业组织和个人承担国防科研生产任务或者接受军事采购，应当按照要求提供符合质量标准的武器装备或者物资、工程、服务。

企业事业组织和个人应当按照国家规定在与国防密切相关的建设项目中贯彻国防要求，依法保障国防建设和军事行动的需要。车站、港口、机场、道路等交通设施的管理、运营单位应当为军人和军用车辆、船舶的通行提供优先服务，按照规定给予优待。

第五十五条 公民应当接受国防教育。

公民和组织应当保护国防设施，不得破坏、危害国防设施。

公民和组织应当遵守保密规定，不得泄露国防方面的国家秘密，不得非法持有国防方面的秘密文件、资料和其他秘密物品。

……

中华人民共和国数据安全法（节录）

（2021年6月10日第十三届全国人民代表大会常务委员会第二十九次会议通过 2021年6月10日中华人民共和国主席令第84号公布 自2021年9月1日起施行）

……

第三十五条 公安机关、国家安全机关因依法维护国家安全或者侦查犯罪的需要调取数据，应当按照国家有关规定，经过严格的批准手续，依法进行，有关组织、个人应当予以配合。

……

第四十八条 违反本法第三十五条规定，拒不配合数据调取的，由有关主管部门责令改正，给予警告，并处五万元以上五十万元以下罚款，对直接负责的主管人员和其他直接责任人员处一万元以上十万元以下罚款。

违反本法第三十六条规定，未经主管机关批准向外国司法或者执法机构提供数据的，由有关主管部门给予警告，可以并处十万元以上一百万元以下罚款，对直接负责的主管人员和其他直接责任人员可以处一万元以上十万元以下罚款；造成严重后果的，处一百万元以上五百万元以下罚款，并可以责令暂停相关业务、停业整顿、吊销相关业务许可证或者吊销营业执照，对直接负责的主管人员和其他直接责任人员处五万元以上五十万元以下罚款。

……

中华人民共和国网络安全法（节录）

（2016年11月7日第十二届全国人民代表大会常务委员会第二十四次会议通过　2016年11月7日中华人民共和国主席令第53号公布　自2017年6月1日起施行）

……

第三章　网络运行安全

第一节　一般规定

第二十一条　国家实行网络安全等级保护制度。网络运营者应当按照网络安全等级保护制度的要求，履行下列安全保护义务，保障网络免受干扰、破坏或者未经授权的访问，防止网络数据泄露或者被窃取、篡改：

（一）制定内部安全管理制度和操作规程，确定网络安全负责人，落实网络安全保护责任；

（二）采取防范计算机病毒和网络攻击、网络侵入等危害网络安全行为的技术措施；

（三）采取监测、记录网络运行状态、网络安全事件的技术措施，并按照规定留存相关的网络日志不少于六个月；

（四）采取数据分类、重要数据备份和加密等措施；

（五）法律、行政法规规定的其他义务。

第二十二条 网络产品、服务应当符合相关国家标准的强制性要求。网络产品、服务的提供者不得设置恶意程序；发现其网络产品、服务存在安全缺陷、漏洞等风险时，应当立即采取补救措施，按照规定及时告知用户并向有关主管部门报告。

网络产品、服务的提供者应当为其产品、服务持续提供安全维护；在规定或者当事人约定的期限内，不得终止提供安全维护。

网络产品、服务具有收集用户信息功能的，其提供者应当向用户明示并取得同意；涉及用户个人信息的，还应当遵守本法和有关法律、行政法规关于个人信息保护的规定。

第二十三条 网络关键设备和网络安全专用产品应当按照相关国家标准的强制性要求，由具备资格的机构安全认证合格或者安全检测符合要求后，方可销售或者提供。国家网信部门会同国务院有关部门制定、公布网络关键设备和网络安全专用产品目录，并推动安全认证和安全检测结果互认，避免重复认证、检测。

第二十四条 网络运营者为用户办理网络接入、域名注册服务，办理固定电话、移动电话等入网手续，或者为用户提供信息发布、即时通讯等服务，在与用户签订协议或者确认提供服务时，应当要求用户提供真实身份信息。用户不提供真实身份信息的，网络运营者不得为其提供相关服务。

国家实施网络可信身份战略，支持研究开发安全、方便的电子身份认证技术，推动不同电子身份认证之间的互认。

第二十五条 网络运营者应当制定网络安全事件应急预案，及时处置系统漏洞、计算机病毒、网络攻击、网络侵入等安全风险；在发生危害网络安全的事件时，立即启动应急预案，采取相应的补救措施，并按照规定向有关主管部门报告。

第二十六条 开展网络安全认证、检测、风险评估等活动，向社会发布系统漏洞、计算机病毒、网络攻击、网络侵入等网络安全信息，应当遵守国家有关规定。

第二十七条 任何个人和组织不得从事非法侵入他人网络、干扰他人网络正常功能、窃取网络数据等危害网络安全的活动；不得提供专门用于从事侵入网络、干扰网络正常功能及防护措施、窃取网络数据等危害网络安全活动的程序、工具；明知他人从事危害网络安全的活动的，不得为其提供技术支持、广告推广、支付结算等帮助。

第二十八条 网络运营者应当为公安机关、国家安全机关依法维护国家安全和侦查犯罪的活动提供技术支持和协助。

第二十九条 国家支持网络运营者之间在网络安全信息收集、分析、通报和应急处置等方面进行合作，提高网络运营者的安全保障能力。

有关行业组织建立健全本行业的网络安全保护规范和协作机制，加强对网络安全风险的分析评估，定期向会员进行风险警示，支持、协助会员应对网络安全风险。

第三十条 网信部门和有关部门在履行网络安全保护职责中获取的信息，只能用于维护网络安全的需要，不得用于其他用途。

第二节　关键信息基础设施的运行安全

第三十一条 国家对公共通信和信息服务、能源、交通、水利、金融、公共服务、电子政务等重要行业和领域，以及其他一旦遭到破坏、丧失功能或者数据泄露，可能严重危害国家安全、国计民生、公共利益的关键信息基础设施，在网络安全等级保护制度的基础上，实行重点保护。关键信息基础设施的具体范围和安全保护办法由国务院制定。

国家鼓励关键信息基础设施以外的网络运营者自愿参与关键信息基础设施保护体系。

第三十二条 按照国务院规定的职责分工，负责关键信息基础设施安全保护工作的部门分别编制并组织实施本行业、本领域的关键信息基础设施安全规划，指导和监督关键信息基础设施运行安全保护工作。

第三十三条 建设关键信息基础设施应当确保其具有支持业务稳定、持续运行的性能，并保证安全技术措施同步规划、同步建设、同步使用。

第三十四条 除本法第二十一条的规定外，关键信息基础设施的运营者还应当履行下列安全保护义务：

（一）设置专门安全管理机构和安全管理负责人，并对该负责人和关键岗位的人员进行安全背景审查；

（二）定期对从业人员进行网络安全教育、技术培训和技能考核；

（三）对重要系统和数据库进行容灾备份；

（四）制定网络安全事件应急预案，并定期进行演练；

（五）法律、行政法规规定的其他义务。

第三十五条 关键信息基础设施的运营者采购网络产品和服务，可能影响国家安全的，应当通过国家网信部门会同国务院有关部门组织的国家安全审查。

第三十六条 关键信息基础设施的运营者采购网络产品和服务，应当按照规定与提供者签订安全保密协议，明确安全和保密义务与责任。

第三十七条 关键信息基础设施的运营者在中华人民共和国境内运营中收集和产生的个人信息和重要数据应当在境内存储。因业务需要，确需向境外提供的，应当按照国家网信部门会同国务院有关部门制定的办法进行安全评估；法律、行政法规另有规定的，依照其规定。

第三十八条 关键信息基础设施的运营者应当自行或者委托网络安全服务机构对其网络的安全性和可能存在的风险每年至少进行一次检测评估，并将检测评估情况和改进措施报送相关负责关键信息基础设施安全保护工作的部门。

第三十九条 国家网信部门应当统筹协调有关部门对关键信息基础设施的安全保护采取下列措施：

（一）对关键信息基础设施的安全风险进行抽查检测，提出改进措施，必要时可以委托网络安全服务机构对网络存在的安全风险进行检测评估；

（二）定期组织关键信息基础设施的运营者进行网络安全应急演练，提高应对网络安全事件的水平和协同配合能力；

（三）促进有关部门、关键信息基础设施的运营者以及有关研究机构、网络安全服务机构等之间的网络安全信息共享；

（四）对网络安全事件的应急处置与网络功能的恢复等，提供技术支持和协助。

第四章 网络信息安全

第四十条 网络运营者应当对其收集的用户信息严格

保密，并建立健全用户信息保护制度。

第四十一条 网络运营者收集、使用个人信息，应当遵循合法、正当、必要的原则，公开收集、使用规则，明示收集、使用信息的目的、方式和范围，并经被收集者同意。

网络运营者不得收集与其提供的服务无关的个人信息，不得违反法律、行政法规的规定和双方的约定收集、使用个人信息，并应当依照法律、行政法规的规定和与用户的约定，处理其保存的个人信息。

第四十二条 网络运营者不得泄露、篡改、毁损其收集的个人信息；未经被收集者同意，不得向他人提供个人信息。但是，经过处理无法识别特定个人且不能复原的除外。

网络运营者应当采取技术措施和其他必要措施，确保其收集的个人信息安全，防止信息泄露、毁损、丢失。在发生或者可能发生个人信息泄露、毁损、丢失的情况时，应当立即采取补救措施，按照规定及时告知用户并向有关主管部门报告。

第四十三条 个人发现网络运营者违反法律、行政法规的规定或者双方的约定收集、使用其个人信息的，有权要求网络运营者删除其个人信息；发现网络运营者收集、存储的其个人信息有错误的，有权要求网络运营者予以更正。网络运营者应当采取措施予以删除或者更正。

第四十四条 任何个人和组织不得窃取或者以其他非

法方式获取个人信息，不得非法出售或者非法向他人提供个人信息。

第四十五条 依法负有网络安全监督管理职责的部门及其工作人员，必须对在履行职责中知悉的个人信息、隐私和商业秘密严格保密，不得泄露、出售或者非法向他人提供。

第四十六条 任何个人和组织应当对其使用网络的行为负责，不得设立用于实施诈骗，传授犯罪方法，制作或者销售违禁物品、管制物品等违法犯罪活动的网站、通讯群组，不得利用网络发布涉及实施诈骗，制作或者销售违禁物品、管制物品以及其他违法犯罪活动的信息。

第四十七条 网络运营者应当加强对其用户发布的信息的管理，发现法律、行政法规禁止发布或者传输的信息的，应当立即停止传输该信息，采取消除等处置措施，防止信息扩散，保存有关记录，并向有关主管部门报告。

第四十八条 任何个人和组织发送的电子信息、提供的应用软件，不得设置恶意程序，不得含有法律、行政法规禁止发布或者传输的信息。

电子信息发送服务提供者和应用软件下载服务提供者，应当履行安全管理义务，知道其用户有前款规定行为的，应当停止提供服务，采取消除等处置措施，保存有关记录，并向有关主管部门报告。

第四十九条 网络运营者应当建立网络信息安全投诉、举报制度，公布投诉、举报方式等信息，及时受理并处理有关网络信息安全的投诉和举报。

网络运营者对网信部门和有关部门依法实施的监督检查，应当予以配合。

第五十条 国家网信部门和有关部门依法履行网络信息安全监督管理职责，发现法律、行政法规禁止发布或者传输的信息的，应当要求网络运营者停止传输，采取消除等处置措施，保存有关记录；对来源于中华人民共和国境外的上述信息，应当通知有关机构采取技术措施和其他必要措施阻断传播。

第五章 监测预警与应急处置

第五十一条 国家建立网络安全监测预警和信息通报制度。国家网信部门应当统筹协调有关部门加强网络安全信息收集、分析和通报工作，按照规定统一发布网络安全监测预警信息。

第五十二条 负责关键信息基础设施安全保护工作的部门，应当建立健全本行业、本领域的网络安全监测预警和信息通报制度，并按照规定报送网络安全监测预警信息。

第五十三条 国家网信部门协调有关部门建立健全网络安全风险评估和应急工作机制，制定网络安全事件应急预案，并定期组织演练。

负责关键信息基础设施安全保护工作的部门应当制定本行业、本领域的网络安全事件应急预案，并定期组织演练。

网络安全事件应急预案应当按照事件发生后的危害程度、影响范围等因素对网络安全事件进行分级，并规定相应的应急处置措施。

第五十四条 网络安全事件发生的风险增大时，省级以上人民政府有关部门应当按照规定的权限和程序，并根据网络安全风险的特点和可能造成的危害，采取下列措施：

（一）要求有关部门、机构和人员及时收集、报告有关信息，加强对网络安全风险的监测；

（二）组织有关部门、机构和专业人员，对网络安全风险信息进行分析评估，预测事件发生的可能性、影响范围和危害程度；

（三）向社会发布网络安全风险预警，发布避免、减轻危害的措施。

第五十五条 发生网络安全事件，应当立即启动网络安全事件应急预案，对网络安全事件进行调查和评估，要求网络运营者采取技术措施和其他必要措施，消除安全隐患，防止危害扩大，并及时向社会发布与公众有关的警示信息。

第五十六条 省级以上人民政府有关部门在履行网络安全监督管理职责中，发现网络存在较大安全风险或者发生安全事件的，可以按照规定的权限和程序对该网络的运营者的法定代表人或者主要负责人进行约谈。网络运营者应当按照要求采取措施，进行整改，消除隐患。

第五十七条 因网络安全事件，发生突发事件或者生产安全事故的，应当依照《中华人民共和国突发事件应对法》、《中华人民共和国安全生产法》等有关法律、行政法规的规定处置。

第五十八条 因维护国家安全和社会公共秩序，处置重大突发社会安全事件的需要，经国务院决定或者批准，可以在特定区域对网络通信采取限制等临时措施。

第六章 法 律 责 任

第五十九条 网络运营者不履行本法第二十一条、第二十五条规定的网络安全保护义务的，由有关主管部门责令改正，给予警告；拒不改正或者导致危害网络安全等后果的，处一万元以上十万元以下罚款，对直接负责的主管人员处五千元以上五万元以下罚款。

关键信息基础设施的运营者不履行本法第三十三条、第三十四条、第三十六条、第三十八条规定的网络安全保护义务的，由有关主管部门责令改正，给予警告；拒不改正或者导致危害网络安全等后果的，处十万元以上一百万元以下罚款，对直接负责的主管人员处一万元以上十万元以下罚款。

第六十条 违反本法第二十二条第一款、第二款和第四十八条第一款规定，有下列行为之一的，由有关主管部门责令改正，给予警告；拒不改正或者导致危害网络安全等后果的，处五万元以上五十万元以下罚款，对直接负责的主管人员处一万元以上十万元以下罚款：

（一）设置恶意程序的；

（二）对其产品、服务存在的安全缺陷、漏洞等风险未立即采取补救措施，或者未按照规定及时告知用户并向有关主管部门报告的；

（三）擅自终止为其产品、服务提供安全维护的。

第六十一条 网络运营者违反本法第二十四条第一款规定，未要求用户提供真实身份信息，或者对不提供真实身份信息的用户提供相关服务的，由有关主管部门责令改正；拒不改正或者情节严重的，处五万元以上五十万元以下罚款，并可以由有关主管部门责令暂停相关业务、停业整顿、关闭网站、吊销相关业务许可证或者吊销营业执照，对直接负责的主管人员和其他直接责任人员处一万元以上十万元以下罚款。

第六十二条 违反本法第二十六条规定，开展网络安全认证、检测、风险评估等活动，或者向社会发布系统漏洞、计算机病毒、网络攻击、网络侵入等网络安全信息的，由有关主管部门责令改正，给予警告；拒不改正或者情节严重的，处一万元以上十万元以下罚款，并可以由有关主管部门责令暂停相关业务、停业整顿、关闭网站、吊销相关业务许可证或者吊销营业执照，对直接负责的主管人员和其他直接责任人员处五千元以上五万元以下罚款。

第六十三条 违反本法第二十七条规定，从事危害网络安全的活动，或者提供专门用于从事危害网络安全活动的程序、工具，或者为他人从事危害网络安全的活动提供技术支持、广告推广、支付结算等帮助，尚不构成犯罪的，由公安机关没收违法所得，处五日以下拘留，可以并处五万元以上五十万元以下罚款；情节较重的，处五日以上十五日以下拘留，可以并处十万元以上一百万元以下罚款。

单位有前款行为的，由公安机关没收违法所得，处十万元以上一百万元以下罚款，并对直接负责的主管人员和其他直接责任人员依照前款规定处罚。

违反本法第二十七条规定，受到治安管理处罚的人员，五年内不得从事网络安全管理和网络运营关键岗位的工作；受到刑事处罚的人员，终身不得从事网络安全管理和网络运营关键岗位的工作。

第六十四条 网络运营者、网络产品或者服务的提供者违反本法第二十二条第三款、第四十一条至第四十三条规定，侵害个人信息依法得到保护的权利的，由有关主管部门责令改正，可以根据情节单处或者并处警告、没收违法所得、处违法所得一倍以上十倍以下罚款，没有违法所得的，处一百万元以下罚款，对直接负责的主管人员和其他直接责任人员处一万元以上十万元以下罚款；情节严重的，并可以责令暂停相关业务、停业整顿、关闭网站、吊销相关业务许可证或者吊销营业执照。

违反本法第四十四条规定，窃取或者以其他非法方式获取、非法出售或者非法向他人提供个人信息，尚不构成犯罪的，由公安机关没收违法所得，并处违法所得一倍以上十倍以下罚款，没有违法所得的，处一百万元以下罚款。

第六十五条 关键信息基础设施的运营者违反本法第三十五条规定，使用未经安全审查或者安全审查未通过的网络产品或者服务的，由有关主管部门责令停止使用，处采购金额一倍以上十倍以下罚款；对直接负责的主管人员和其他直接责任人员处一万元以上十万元以下罚款。

第六十六条 关键信息基础设施的运营者违反本法第三十七条规定，在境外存储网络数据，或者向境外提供网络数据的，由有关主管部门责令改正，给予警告，没收违法所得，处五万元以上五十万元以下罚款，并可以责令暂停相关业务、停业整顿、关闭网站、吊销相关业务许可证或者吊销营业执照；对直接负责的主管人员和其他直接责任人员处一万元以上十万元以下罚款。

第六十七条 违反本法第四十六条规定，设立用于实施违法犯罪活动的网站、通讯群组，或者利用网络发布涉及实施违法犯罪活动的信息，尚不构成犯罪的，由公安机关处五日以下拘留，可以并处一万元以上十万元以下罚款；情节较重的，处五日以上十五日以下拘留，可以并处五万元以上五十万元以下罚款。关闭用于实施违法犯罪活动的网站、通讯群组。

单位有前款行为的，由公安机关处十万元以上五十万元以下罚款，并对直接负责的主管人员和其他直接责任人员依照前款规定处罚。

第六十八条 网络运营者违反本法第四十七条规定，对法律、行政法规禁止发布或者传输的信息未停止传输、采取消除等处置措施、保存有关记录的，由有关主管部门责令改正，给予警告，没收违法所得；拒不改正或者情节严重的，处十万元以上五十万元以下罚款，并可以责令暂停相关业务、停业整顿、关闭网站、吊销相关业务许可证或者吊销营业执照，对直接负责的主管人员和其他直接责任人员处一万元以上十万元以下罚款。

电子信息发送服务提供者、应用软件下载服务提供者，不履行本法第四十八条第二款规定的安全管理义务的，依照前款规定处罚。

第六十九条 网络运营者违反本法规定，有下列行为之一的，由有关主管部门责令改正；拒不改正或者情节严重的，处五万元以上五十万元以下罚款，对直接负责的主管人员和其他直接责任人员，处一万元以上十万元以下罚款：

（一）不按照有关部门的要求对法律、行政法规禁止发布或者传输的信息，采取停止传输、消除等处置措施的；

（二）拒绝、阻碍有关部门依法实施的监督检查的；

（三）拒不向公安机关、国家安全机关提供技术支持和协助的。

第七十条 发布或者传输本法第十二条第二款和其他法律、行政法规禁止发布或者传输的信息的，依照有关法律、行政法规的规定处罚。

第七十一条 有本法规定的违法行为的，依照有关法律、行政法规的规定记入信用档案，并予以公示。

第七十二条 国家机关政务网络的运营者不履行本法规定的网络安全保护义务的，由其上级机关或者有关机关责令改正；对直接负责的主管人员和其他直接责任人员依法给予处分。

第七十三条 网信部门和有关部门违反本法第三十条规定，将在履行网络安全保护职责中获取的信息用于其他用途的，对直接负责的主管人员和其他直接责任人员依法给予处分。

网信部门和有关部门的工作人员玩忽职守、滥用职权、徇私舞弊，尚不构成犯罪的，依法给予处分。

第七十四条 违反本法规定，给他人造成损害的，依法承担民事责任。

违反本法规定，构成违反治安管理行为的，依法给予治安管理处罚；构成犯罪的，依法追究刑事责任。

第七十五条 境外的机构、组织、个人从事攻击、侵入、干扰、破坏等危害中华人民共和国的关键信息基础设施的活动，造成严重后果的，依法追究法律责任；国务院公安部门和有关部门并可以决定对该机构、组织、个人采取冻结财产或者其他必要的制裁措施。

第七章 附 则

第七十六条 本法下列用语的含义：

（一）网络，是指由计算机或者其他信息终端及相关设备组成的按照一定的规则和程序对信息进行收集、存储、传输、交换、处理的系统。

（二）网络安全，是指通过采取必要措施，防范对网络的攻击、侵入、干扰、破坏和非法使用以及意外事故，使网络处于稳定可靠运行的状态，以及保障网络数据的完整性、保密性、可用性的能力。

（三）网络运营者，是指网络的所有者、管理者和网络服务提供者。

（四）网络数据，是指通过网络收集、存储、传输、处理和产生的各种电子数据。

（五）个人信息，是指以电子或者其他方式记录的能够单独或者与其他信息结合识别自然人个人身份的各种信息，包括但不限于自然人的姓名、出生日期、身份证件号码、个人生物识别信息、住址、电话号码等。

第七十七条 存储、处理涉及国家秘密信息的网络的运行安全保护，除应当遵守本法外，还应当遵守保密法律、行政法规的规定。

第七十八条 军事网络的安全保护，由中央军事委员会另行规定。

第七十九条 本法自 2017 年 6 月 1 日起施行。

中华人民共和国保守国家秘密法

（1988年9月5日第七届全国人民代表大会常务委员会第三次会议通过　2010年4月29日第十一届全国人民代表大会常务委员会第十四次会议修订　2010年4月29日中华人民共和国主席令第28号公布　自2010年10月1日起施行）

目　录

第一章　总　则
第二章　国家秘密的范围和密级
第三章　保密制度
第四章　监督管理
第五章　法律责任
第六章　附　则

第一章　总　则

第一条　为了保守国家秘密，维护国家安全和利益，保障改革开放和社会主义建设事业的顺利进行，制定本法。

第二条　国家秘密是关系国家安全和利益，依照法定程序确定，在一定时间内只限一定范围的人员知悉的事项。

第三条 国家秘密受法律保护。

一切国家机关、武装力量、政党、社会团体、企业事业单位和公民都有保守国家秘密的义务。

任何危害国家秘密安全的行为，都必须受到法律追究。

第四条 保守国家秘密的工作（以下简称保密工作），实行积极防范、突出重点、依法管理的方针，既确保国家秘密安全，又便利信息资源合理利用。

法律、行政法规规定公开的事项，应当依法公开。

第五条 国家保密行政管理部门主管全国的保密工作。县级以上地方各级保密行政管理部门主管本行政区域的保密工作。

第六条 国家机关和涉及国家秘密的单位（以下简称机关、单位）管理本机关和本单位的保密工作。

中央国家机关在其职权范围内，管理或者指导本系统的保密工作。

第七条 机关、单位应当实行保密工作责任制，健全保密管理制度，完善保密防护措施，开展保密宣传教育，加强保密检查。

第八条 国家对在保守、保护国家秘密以及改进保密技术、措施等方面成绩显著的单位或者个人给予奖励。

第二章 国家秘密的范围和密级

第九条 下列涉及国家安全和利益的事项，泄露后可能损害国家在政治、经济、国防、外交等领域的安全和利益的，应当确定为国家秘密：

（一）国家事务重大决策中的秘密事项；

（二）国防建设和武装力量活动中的秘密事项；

（三）外交和外事活动中的秘密事项以及对外承担保密义务的秘密事项；

（四）国民经济和社会发展中的秘密事项；

（五）科学技术中的秘密事项；

（六）维护国家安全活动和追查刑事犯罪中的秘密事项；

（七）经国家保密行政管理部门确定的其他秘密事项。

政党的秘密事项中符合前款规定的，属于国家秘密。

第十条 国家秘密的密级分为绝密、机密、秘密三级。

绝密级国家秘密是最重要的国家秘密，泄露会使国家安全和利益遭受特别严重的损害；机密级国家秘密是重要的国家秘密，泄露会使国家安全和利益遭受严重的损害；秘密级国家秘密是一般的国家秘密，泄露会使国家安全和利益遭受损害。

第十一条 国家秘密及其密级的具体范围，由国家保密行政管理部门分别会同外交、公安、国家安全和其他中央有关机关规定。

军事方面的国家秘密及其密级的具体范围，由中央军事委员会规定。

国家秘密及其密级的具体范围的规定，应当在有关范围内公布，并根据情况变化及时调整。

第十二条 机关、单位负责人及其指定的人员为定密责任人，负责本机关、本单位的国家秘密确定、变更和解除工作。

机关、单位确定、变更和解除本机关、本单位的国家秘密，应当由承办人提出具体意见，经定密责任人审核批准。

第十三条 确定国家秘密的密级，应当遵守定密权限。

中央国家机关、省级机关及其授权的机关、单位可以确定绝密级、机密级和秘密级国家秘密；设区的市、自治州一级的机关及其授权的机关、单位可以确定机密级和秘密级国家秘密。具体的定密权限、授权范围由国家保密行政管理部门规定。

机关、单位执行上级确定的国家秘密事项，需要定密的，根据所执行的国家秘密事项的密级确定。下级机关、单位认为本机关、本单位产生的有关定密事项属于上级机关、单位的定密权限，应当先行采取保密措施，并立即报请上级机关、单位确定；没有上级机关、单位的，应当立即提请有相应定密权限的业务主管部门或者保密行政管理部门确定。

公安、国家安全机关在其工作范围内按照规定的权限确定国家秘密的密级。

第十四条 机关、单位对所产生的国家秘密事项，应当按照国家秘密及其密级的具体范围的规定确定密级，同时确定保密期限和知悉范围。

第十五条 国家秘密的保密期限，应当根据事项的性质和特点，按照维护国家安全和利益的需要，限定在必要的期限内；不能确定期限的，应当确定解密的条件。

国家秘密的保密期限，除另有规定外，绝密级不超过三十年，机密级不超过二十年，秘密级不超过十年。

机关、单位应当根据工作需要，确定具体的保密期限、解密时间或者解密条件。

机关、单位对在决定和处理有关事项工作过程中确定需要保密的事项，根据工作需要决定公开的，正式公布时即视为解密。

第十六条 国家秘密的知悉范围，应当根据工作需要限定在最小范围。

国家秘密的知悉范围能够限定到具体人员的，限定到具体人员；不能限定到具体人员的，限定到机关、单位，由机关、单位限定到具体人员。

国家秘密的知悉范围以外的人员，因工作需要知悉国家秘密的，应当经过机关、单位负责人批准。

第十七条 机关、单位对承载国家秘密的纸介质、光介质、电磁介质等载体（以下简称国家秘密载体）以及属于国家秘密的设备、产品，应当做出国家秘密标志。

不属于国家秘密的，不应当做出国家秘密标志。

第十八条 国家秘密的密级、保密期限和知悉范围，应当根据情况变化及时变更。国家秘密的密级、保密期限和知悉范围的变更，由原定密机关、单位决定，也可以由其上级机关决定。

国家秘密的密级、保密期限和知悉范围变更的，应当及时书面通知知悉范围内的机关、单位或者人员。

第十九条 国家秘密的保密期限已满的，自行解密。

机关、单位应当定期审核所确定的国家秘密。对在保密期限内因保密事项范围调整不再作为国家秘密事项，或者公开后不会损害国家安全和利益，不需要继续保密的，应当及时解密；对需要延长保密期限的，应当在原保密期限届满前重新确定保密期限。提前解密或者延长保密期限的，由原定密机关、单位决定，也可以由其上级机关决定。

第二十条 机关、单位对是否属于国家秘密或者属于何种密级不明确或者有争议的，由国家保密行政管理部门或者省、自治区、直辖市保密行政管理部门确定。

第三章 保密制度

第二十一条 国家秘密载体的制作、收发、传递、使用、复制、保存、维修和销毁，应当符合国家保密规定。

绝密级国家秘密载体应当在符合国家保密标准的设施、设备中保存，并指定专人管理；未经原定密机关、单位或者其上级机关批准，不得复制和摘抄；收发、传递和外出携带，应当指定人员负责，并采取必要的安全措施。

第二十二条 属于国家秘密的设备、产品的研制、生产、运输、使用、保存、维修和销毁，应当符合国家保密规定。

第二十三条 存储、处理国家秘密的计算机信息系统（以下简称涉密信息系统）按照涉密程度实行分级保护。

涉密信息系统应当按照国家保密标准配备保密设施、设备。保密设施、设备应当与涉密信息系统同步规划，同步建设，同步运行。

涉密信息系统应当按照规定，经检查合格后，方可投入使用。

第二十四条 机关、单位应当加强对涉密信息系统的管理，任何组织和个人不得有下列行为：

（一）将涉密计算机、涉密存储设备接入互联网及其他公共信息网络；

（二）在未采取防护措施的情况下，在涉密信息系统与互联网及其他公共信息网络之间进行信息交换；

（三）使用非涉密计算机、非涉密存储设备存储、处理国家秘密信息；

（四）擅自卸载、修改涉密信息系统的安全技术程序、管理程序；

（五）将未经安全技术处理的退出使用的涉密计算机、涉密存储设备赠送、出售、丢弃或者改作其他用途。

第二十五条 机关、单位应当加强对国家秘密载体的管理，任何组织和个人不得有下列行为：

（一）非法获取、持有国家秘密载体；

（二）买卖、转送或者私自销毁国家秘密载体；

（三）通过普通邮政、快递等无保密措施的渠道传递国家秘密载体；

（四）邮寄、托运国家秘密载体出境；

（五）未经有关主管部门批准，携带、传递国家秘密载体出境。

第二十六条 禁止非法复制、记录、存储国家秘密。

禁止在互联网及其他公共信息网络或者未采取保密措施的有线和无线通信中传递国家秘密。

禁止在私人交往和通信中涉及国家秘密。

第二十七条 报刊、图书、音像制品、电子出版物的编辑、出版、印制、发行，广播节目、电视节目、电影的制作和播放，互联网、移动通信网等公共信息网络及其他传媒的信息编辑、发布，应当遵守有关保密规定。

第二十八条 互联网及其他公共信息网络运营商、服务商应当配合公安机关、国家安全机关、检察机关对泄密案件进行调查；发现利用互联网及其他公共信息网络发布的信息涉及泄露国家秘密的，应当立即停止传输，保存有关记录，向公安机关、国家安全机关或者保密行政管理部门报告；应当根据公安机关、国家安全机关或者保密行政管理部门的要求，删除涉及泄露国家秘密的信息。

第二十九条 机关、单位公开发布信息以及对涉及国家秘密的工程、货物、服务进行采购时，应当遵守保密规定。

第三十条 机关、单位对外交往与合作中需要提供国家秘密事项，或者任用、聘用的境外人员因工作需要知悉国家秘密的，应当报国务院有关主管部门或者省、自治区、直辖市人民政府有关主管部门批准，并与对方签订保密协议。

第三十一条 举办会议或者其他活动涉及国家秘密的，主办单位应当采取保密措施，并对参加人员进行保密教育，提出具体保密要求。

第三十二条 机关、单位应当将涉及绝密级或者较多机密级、秘密级国家秘密的机构确定为保密要害部门，将集中制作、存放、保管国家秘密载体的专门场所确定为保密要害部位，按照国家保密规定和标准配备、使用必要的技术防护设施、设备。

第三十三条 军事禁区和属于国家秘密不对外开放的其他场所、部位，应当采取保密措施，未经有关部门批准，不得擅自决定对外开放或者扩大开放范围。

第三十四条 从事国家秘密载体制作、复制、维修、销毁，涉密信息系统集成，或者武器装备科研生产等涉及国家秘密业务的企业事业单位，应当经过保密审查，具体办法由国务院规定。

机关、单位委托企业事业单位从事前款规定的业务，应当与其签订保密协议，提出保密要求，采取保密措施。

第三十五条 在涉密岗位工作的人员（以下简称涉密人员），按照涉密程度分为核心涉密人员、重要涉密人员和一般涉密人员，实行分类管理。

任用、聘用涉密人员应当按照有关规定进行审查。

涉密人员应当具有良好的政治素质和品行，具有胜任涉密岗位所要求的工作能力。

涉密人员的合法权益受法律保护。

第三十六条 涉密人员上岗应当经过保密教育培训，掌握保密知识技能，签订保密承诺书，严格遵守保密规章制度，不得以任何方式泄露国家秘密。

第三十七条 涉密人员出境应当经有关部门批准，有关机关认为涉密人员出境将对国家安全造成危害或者对国家利益造成重大损失的，不得批准出境。

第三十八条 涉密人员离岗离职实行脱密期管理。涉密人员在脱密期内，应当按照规定履行保密义务，不得违反规定就业，不得以任何方式泄露国家秘密。

第三十九条 机关、单位应当建立健全涉密人员管理制度，明确涉密人员的权利、岗位责任和要求，对涉密人员履行职责情况开展经常性的监督检查。

第四十条 国家工作人员或者其他公民发现国家秘密已经泄露或者可能泄露时，应当立即采取补救措施并及时报告有关机关、单位。机关、单位接到报告后，应当立即作出处理，并及时向保密行政管理部门报告。

第四章 监督管理

第四十一条 国家保密行政管理部门依照法律、行政法规的规定，制定保密规章和国家保密标准。

第四十二条 保密行政管理部门依法组织开展保密宣传教育、保密检查、保密技术防护和泄密案件查处工作，对机关、单位的保密工作进行指导和监督。

第四十三条 保密行政管理部门发现国家秘密确定、变更或者解除不当的，应当及时通知有关机关、单位予以纠正。

第四十四条 保密行政管理部门对机关、单位遵守保密制度的情况进行检查，有关机关、单位应当配合。保密行政管理部门发现机关、单位存在泄密隐患的，应当要求其采取措施，限期整改；对存在泄密隐患的设施、设备、场所，应当责令停止使用；对严重违反保密规定的涉密人员，应当建议有关机关、单位给予处分并调离涉密岗位；发现涉嫌泄露国家秘密的，应当督促、指导有关机关、单位进行调查处理。涉嫌犯罪的，移送司法机关处理。

第四十五条 保密行政管理部门对保密检查中发现的非法获取、持有的国家秘密载体，应当予以收缴。

第四十六条 办理涉嫌泄露国家秘密案件的机关，需要对有关事项是否属于国家秘密以及属于何种密级进行鉴定的，由国家保密行政管理部门或者省、自治区、直辖市保密行政管理部门鉴定。

第四十七条 机关、单位对违反保密规定的人员不依法给予处分的，保密行政管理部门应当建议纠正，对拒不纠正的，提请其上一级机关或者监察机关对该机关、单位负有责任的领导人员和直接责任人员依法予以处理。

第五章 法律责任

第四十八条 违反本法规定，有下列行为之一的，依法给予处分；构成犯罪的，依法追究刑事责任：

（一）非法获取、持有国家秘密载体的；

（二）买卖、转送或者私自销毁国家秘密载体的；

（三）通过普通邮政、快递等无保密措施的渠道传递国家秘密载体的；

（四）邮寄、托运国家秘密载体出境，或者未经有关主管部门批准，携带、传递国家秘密载体出境的；

（五）非法复制、记录、存储国家秘密的；

（六）在私人交往和通信中涉及国家秘密的；

（七）在互联网及其他公共信息网络或者未采取保密措施的有线和无线通信中传递国家秘密的；

（八）将涉密计算机、涉密存储设备接入互联网及其他公共信息网络的；

（九）在未采取防护措施的情况下，在涉密信息系统与互联网及其他公共信息网络之间进行信息交换的；

（十）使用非涉密计算机、非涉密存储设备存储、处理国家秘密信息的；

（十一）擅自卸载、修改涉密信息系统的安全技术程序、管理程序的；

（十二）将未经安全技术处理的退出使用的涉密计算

机、涉密存储设备赠送、出售、丢弃或者改作其他用途的。

有前款行为尚不构成犯罪，且不适用处分的人员，由保密行政管理部门督促其所在机关、单位予以处理。

第四十九条 机关、单位违反本法规定，发生重大泄密案件的，由有关机关、单位依法对直接负责的主管人员和其他直接责任人员给予处分；不适用处分的人员，由保密行政管理部门督促其主管部门予以处理。

机关、单位违反本法规定，对应当定密的事项不定密，或者对不应当定密的事项定密，造成严重后果的，由有关机关、单位依法对直接负责的主管人员和其他直接责任人员给予处分。

第五十条 互联网及其他公共信息网络运营商、服务商违反本法第二十八条规定的，由公安机关或者国家安全机关、信息产业主管部门按照各自职责分工依法予以处罚。

第五十一条 保密行政管理部门的工作人员在履行保密管理职责中滥用职权、玩忽职守、徇私舞弊的，依法给予处分；构成犯罪的，依法追究刑事责任。

第六章 附 则

第五十二条 中央军事委员会根据本法制定中国人民解放军保密条例。

第五十三条 本法自 2010 年 10 月 1 日起施行。

中华人民共和国
保守国家秘密法实施条例

（2014年1月17日中华人民共和国国务院令第646号公布　自2014年3月1日起施行）

第一章　总　　则

第一条　根据《中华人民共和国保守国家秘密法》（以下简称保密法）的规定，制定本条例。

第二条　国家保密行政管理部门主管全国的保密工作。县级以上地方各级保密行政管理部门在上级保密行政管理部门指导下，主管本行政区域的保密工作。

第三条　中央国家机关在其职权范围内管理或者指导本系统的保密工作，监督执行保密法律法规，可以根据实际情况制定或者会同有关部门制定主管业务方面的保密规定。

第四条　县级以上人民政府应当加强保密基础设施建设和关键保密科技产品的配备。

省级以上保密行政管理部门应当加强关键保密科技产品的研发工作。

保密行政管理部门履行职责所需的经费，应当列入本级人民政府财政预算。机关、单位开展保密工作所需经费应当列入本机关、本单位的年度财政预算或者年度收支计划。

第五条 机关、单位不得将依法应当公开的事项确定为国家秘密，不得将涉及国家秘密的信息公开。

第六条 机关、单位实行保密工作责任制。机关、单位负责人对本机关、本单位的保密工作负责，工作人员对本岗位的保密工作负责。

机关、单位应当根据保密工作需要设立保密工作机构或者指定人员专门负责保密工作。

机关、单位及其工作人员履行保密工作责任制情况应当纳入年度考评和考核内容。

第七条 各级保密行政管理部门应当组织开展经常性的保密宣传教育。机关、单位应当定期对本机关、本单位工作人员进行保密形势、保密法律法规、保密技术防范等方面的教育培训。

第二章 国家秘密的范围和密级

第八条 国家秘密及其密级的具体范围（以下称保密事项范围）应当明确规定国家秘密具体事项的名称、密级、保密期限、知悉范围。

保密事项范围应当根据情况变化及时调整。制定、修订保密事项范围应当充分论证，听取有关机关、单位和相关领域专家的意见。

第九条 机关、单位负责人为本机关、本单位的定密责任人，根据工作需要，可以指定其他人员为定密责任人。

专门负责定密的工作人员应当接受定密培训，熟悉定密职责和保密事项范围，掌握定密程序和方法。

第十条 定密责任人在职责范围内承担有关国家秘密确定、变更和解除工作。具体职责是：

（一）审核批准本机关、本单位产生的国家秘密的密级、保密期限和知悉范围；

（二）对本机关、本单位产生的尚在保密期限内的国家秘密进行审核，作出是否变更或者解除的决定；

（三）对是否属于国家秘密和属于何种密级不明确的事项先行拟定密级，并按照规定的程序报保密行政管理部门确定。

第十一条 中央国家机关、省级机关以及设区的市、自治州级机关可以根据保密工作需要或者有关机关、单位的申请，在国家保密行政管理部门规定的定密权限、授权范围内作出定密授权。

定密授权应当以书面形式作出。授权机关应当对被授权机关、单位履行定密授权的情况进行监督。

中央国家机关、省级机关作出的授权，报国家保密行政管理部门备案；设区的市、自治州级机关作出的授权，报省、自治区、直辖市保密行政管理部门备案。

第十二条 机关、单位应当在国家秘密产生的同时，由承办人依据有关保密事项范围拟定密级、保密期限和知悉范围，报定密责任人审核批准，并采取相应保密措施。

第十三条 机关、单位对所产生的国家秘密，应当按照保密事项范围的规定确定具体的保密期限；保密事项范围没有规定具体保密期限的，可以根据工作需要，在保密法规定的保密期限内确定；不能确定保密期限的，应当确定解密条件。

国家秘密的保密期限，自标明的制发日起计算；不能标明制发日的，确定该国家秘密的机关、单位应当书面通知知悉范围内的机关、单位和人员，保密期限自通知之日起计算。

第十四条 机关、单位应当按照保密法的规定，严格限定国家秘密的知悉范围，对知悉机密级以上国家秘密的人员，应当作出书面记录。

第十五条 国家秘密载体以及属于国家秘密的设备、产品的明显部位应当标注国家秘密标志。国家秘密标志应当标注密级和保密期限。国家秘密的密级和保密期限发生变更的，应当及时对原国家秘密标志作出变更。

无法标注国家秘密标志的，确定该国家秘密的机关、单位应当书面通知知悉范围内的机关、单位和人员。

第十六条 机关、单位对所产生的国家秘密，认为符合保密法有关解密或者延长保密期限规定的，应当及时解密或者延长保密期限。

机关、单位对不属于本机关、本单位产生的国家秘密，认为符合保密法有关解密或者延长保密期限规定的，可以向原定密机关、单位或者其上级机关、单位提出建议。

已经依法移交各级国家档案馆的属于国家秘密的档案，由原定密机关、单位按照国家有关规定进行解密审核。

第十七条 机关、单位被撤销或者合并的，该机关、单位所确定国家秘密的变更和解除，由承担其职能的机关、单位负责，也可以由其上级机关、单位或者保密行政管理部门指定的机关、单位负责。

第十八条 机关、单位发现本机关、本单位国家秘密的确定、变更和解除不当的，应当及时纠正；上级机关、单位发现下级机关、单位国家秘密的确定、变更和解除不当的，应当及时通知其纠正，也可以直接纠正。

第十九条 机关、单位对符合保密法的规定，但保密事项范围没有规定的不明确事项，应当先行拟定密级、保密期限和知悉范围，采取相应的保密措施，并自拟定之日起 10 日内报有关部门确定。拟定为绝密级的事项和中央国家机关拟定的机密级、秘密级的事项，报国家保密行政管理部门确定；其他机关、单位拟定的机密级、秘密级的事项，报省、自治区、直辖市保密行政管理部门确定。

保密行政管理部门接到报告后，应当在 10 日内作出决定。省、自治区、直辖市保密行政管理部门还应当将所作决定及时报国家保密行政管理部门备案。

第二十条 机关、单位对已定密事项是否属于国家秘密或者属于何种密级有不同意见的，可以向原定密机关、单位提出异议，由原定密机关、单位作出决定。

机关、单位对原定密机关、单位未予处理或者对作出的决定仍有异议的，按照下列规定办理：

（一）确定为绝密级的事项和中央国家机关确定的机密级、秘密级的事项，报国家保密行政管理部门确定。

（二）其他机关、单位确定的机密级、秘密级的事项，报省、自治区、直辖市保密行政管理部门确定；对省、自治区、直辖市保密行政管理部门作出的决定有异议的，可以报国家保密行政管理部门确定。

在原定密机关、单位或者保密行政管理部门作出决定前，对有关事项应当按照主张密级中的最高密级采取相应的保密措施。

第三章　保密制度

第二十一条　国家秘密载体管理应当遵守下列规定：

（一）制作国家秘密载体，应当由机关、单位或者经保密行政管理部门保密审查合格的单位承担，制作场所应当符合保密要求。

（二）收发国家秘密载体，应当履行清点、编号、登记、签收手续。

（三）传递国家秘密载体，应当通过机要交通、机要通信或者其他符合保密要求的方式进行。

（四）复制国家秘密载体或者摘录、引用、汇编属于国家秘密的内容，应当按照规定报批，不得擅自改变原件的密级、保密期限和知悉范围，复制件应当加盖复制机关、单位戳记，并视同原件进行管理。

（五）保存国家秘密载体的场所、设施、设备，应当符合国家保密要求。

（六）维修国家秘密载体，应当由本机关、本单位专门技术人员负责。确需外单位人员维修的，应当由本机关、本单位的人员现场监督；确需在本机关、本单位以外维修的，应当符合国家保密规定。

（七）携带国家秘密载体外出，应当符合国家保密规定，并采取可靠的保密措施；携带国家秘密载体出境的，应当按照国家保密规定办理批准和携带手续。

第二十二条 销毁国家秘密载体应当符合国家保密规定和标准，确保销毁的国家秘密信息无法还原。

销毁国家秘密载体应当履行清点、登记、审批手续，并送交保密行政管理部门设立的销毁工作机构或者保密行政管理部门指定的单位销毁。机关、单位确因工作需要，自行销毁少量国家秘密载体的，应当使用符合国家保密标准的销毁设备和方法。

第二十三条 涉密信息系统按照涉密程度分为绝密级、机密级、秘密级。机关、单位应当根据涉密信息系统存储、处理信息的最高密级确定系统的密级，按照分级保护要求采取相应的安全保密防护措施。

第二十四条 涉密信息系统应当由国家保密行政管理

部门设立或者授权的保密测评机构进行检测评估，并经设区的市、自治州级以上保密行政管理部门审查合格，方可投入使用。

公安、国家安全机关的涉密信息系统投入使用的管理办法，由国家保密行政管理部门会同国务院公安、国家安全部门另行规定。

第二十五条 机关、单位应当加强涉密信息系统的运行使用管理，指定专门机构或者人员负责运行维护、安全保密管理和安全审计，定期开展安全保密检查和风险评估。

涉密信息系统的密级、主要业务应用、使用范围和使用环境等发生变化或者涉密信息系统不再使用的，应当按照国家保密规定及时向保密行政管理部门报告，并采取相应措施。

第二十六条 机关、单位采购涉及国家秘密的工程、货物和服务的，应当根据国家保密规定确定密级，并符合国家保密规定和标准。机关、单位应当对提供工程、货物和服务的单位提出保密管理要求，并与其签订保密协议。

政府采购监督管理部门、保密行政管理部门应当依法加强对涉及国家秘密的工程、货物和服务采购的监督管理。

第二十七条 举办会议或者其他活动涉及国家秘密的，主办单位应当采取下列保密措施：

（一）根据会议、活动的内容确定密级，制定保密方案，限定参加人员范围；

（二）使用符合国家保密规定和标准的场所、设施、设备；

（三）按照国家保密规定管理国家秘密载体；

（四）对参加人员提出具体保密要求。

第二十八条 企业事业单位从事国家秘密载体制作、复制、维修、销毁，涉密信息系统集成或者武器装备科研生产等涉及国家秘密的业务（以下简称涉密业务），应当由保密行政管理部门或者保密行政管理部门会同有关部门进行保密审查。保密审查不合格的，不得从事涉密业务。

第二十九条 从事涉密业务的企业事业单位应当具备下列条件：

（一）在中华人民共和国境内依法成立 3 年以上的法人，无违法犯罪记录；

（二）从事涉密业务的人员具有中华人民共和国国籍；

（三）保密制度完善，有专门的机构或者人员负责保密工作；

（四）用于涉密业务的场所、设施、设备符合国家保密规定和标准；

（五）具有从事涉密业务的专业能力；

（六）法律、行政法规和国家保密行政管理部门规定的其他条件。

第三十条 涉密人员的分类管理、任（聘）用审查、脱密期管理、权益保障等具体办法，由国家保密行政管理部门会同国务院有关主管部门制定。

第四章 监督管理

第三十一条 机关、单位应当向同级保密行政管理部门报送本机关、本单位年度保密工作情况。下级保密行政管理部门应当向上级保密行政管理部门报送本行政区域年度保密工作情况。

第三十二条 保密行政管理部门依法对机关、单位执行保密法律法规的下列情况进行检查：

（一）保密工作责任制落实情况；

（二）保密制度建设情况；

（三）保密宣传教育培训情况；

（四）涉密人员管理情况；

（五）国家秘密确定、变更和解除情况；

（六）国家秘密载体管理情况；

（七）信息系统和信息设备保密管理情况；

（八）互联网使用保密管理情况；

（九）保密技术防护设施设备配备使用情况；

（十）涉密场所及保密要害部门、部位管理情况；

（十一）涉密会议、活动管理情况；

（十二）信息公开保密审查情况。

第三十三条 保密行政管理部门在保密检查过程中，发现有泄密隐患的，可以查阅有关材料、询问人员、记录情况；对有关设施、设备、文件资料等可以依法先行登记保存，必要时进行保密技术检测。有关机关、单位及其工作人员对保密检查应当予以配合。

保密行政管理部门实施检查后，应当出具检查意见，对需要整改的，应当明确整改内容和期限。

第三十四条 机关、单位发现国家秘密已经泄露或者可能泄露的，应当立即采取补救措施，并在24小时内向同级保密行政管理部门和上级主管部门报告。

地方各级保密行政管理部门接到泄密报告的，应当在24小时内逐级报至国家保密行政管理部门。

第三十五条 保密行政管理部门对公民举报、机关和单位报告、保密检查发现、有关部门移送的涉嫌泄露国家秘密的线索和案件，应当依法及时调查或者组织、督促有关机关、单位调查处理。调查工作结束后，认为有违反保密法律法规的事实，需要追究责任的，保密行政管理部门可以向有关机关、单位提出处理建议。有关机关、单位应当及时将处理结果书面告知同级保密行政管理部门。

第三十六条 保密行政管理部门收缴非法获取、持有的国家秘密载体，应当进行登记并出具清单，查清密级、数量、来源、扩散范围等，并采取相应的保密措施。

保密行政管理部门可以提请公安、工商行政管理等有关部门协助收缴非法获取、持有的国家秘密载体，有关部门应当予以配合。

第三十七条 国家保密行政管理部门或者省、自治区、直辖市保密行政管理部门应当依据保密法律法规和保密事项范围，对办理涉嫌泄露国家秘密案件的机关提出鉴定的事项是否属于国家秘密、属于何种密级作出鉴定。

保密行政管理部门受理鉴定申请后，应当自受理之日起30日内出具鉴定结论；不能按期出具鉴定结论的，经保密行政管理部门负责人批准，可以延长30日。

第三十八条 保密行政管理部门及其工作人员应当按照法定的职权和程序开展保密审查、保密检查和泄露国家秘密案件查处工作，做到科学、公正、严格、高效，不得利用职权谋取利益。

第五章 法律责任

第三十九条 机关、单位发生泄露国家秘密案件不按照规定报告或者未采取补救措施的，对直接负责的主管人员和其他直接责任人员依法给予处分。

第四十条 在保密检查或者泄露国家秘密案件查处中，有关机关、单位及其工作人员拒不配合，弄虚作假，隐匿、销毁证据，或者以其他方式逃避、妨碍保密检查或者泄露国家秘密案件查处的，对直接负责的主管人员和其他直接责任人员依法给予处分。

企业事业单位及其工作人员协助机关、单位逃避、妨碍保密检查或者泄露国家秘密案件查处的，由有关主管部门依法予以处罚。

第四十一条 经保密审查合格的企业事业单位违反保

密管理规定的，由保密行政管理部门责令限期整改，逾期不改或者整改后仍不符合要求的，暂停涉密业务；情节严重的，停止涉密业务。

第四十二条 涉密信息系统未按照规定进行检测评估和审查而投入使用的，由保密行政管理部门责令改正，并建议有关机关、单位对直接负责的主管人员和其他直接责任人员依法给予处分。

第四十三条 机关、单位委托未经保密审查的单位从事涉密业务的，由有关机关、单位对直接负责的主管人员和其他直接责任人员依法给予处分。

未经保密审查的单位从事涉密业务的，由保密行政管理部门责令停止违法行为；有违法所得的，由工商行政管理部门没收违法所得。

第四十四条 保密行政管理部门未依法履行职责，或者滥用职权、玩忽职守、徇私舞弊的，对直接负责的主管人员和其他直接责任人员依法给予处分；构成犯罪的，依法追究刑事责任。

第六章　附　　则

第四十五条 本条例自2014年3月1日起施行。1990年4月25日国务院批准、1990年5月25日国家保密局发布的《中华人民共和国保守国家秘密法实施办法》同时废止。

最高人民法院关于审理为境外窃取、刺探、收买、非法提供国家秘密、情报案件具体应用法律若干问题的解释

（2000 年 11 月 20 日最高人民法院审判委员会第 1142 次会议通过　2001 年 1 月 17 日最高人民法院公告公布　自 2001 年 1 月 22 日起施行　法释〔2001〕4 号）

为依法惩治为境外的机构、组织、人员窃取、刺探、收买、非法提供国家秘密、情报犯罪活动，维护国家安全和利益，根据刑法有关规定，现就审理这类案件具体应用法律的若干问题解释如下：

第一条　刑法第一百一十一条规定的“国家秘密”，是指《中华人民共和国保守国家秘密法》第二条、第八条以及《中华人民共和国保守国家秘密法实施办法》第四条确定的事项。刑法第一百一十一条规定的“情报”，是指关系国家安全和利益、尚未公开或者依照有关规定不应公开的事项。

对为境外机构、组织、人员窃取、刺探、收买、非法提供国家秘密之外的情报的行为，以为境外窃取、刺探、收买、非法提供情报罪定罪处罚。

第二条 为境外窃取、刺探、收买、非法提供国家秘密或者情报，具有下列情形之一的，属于“情节特别严重”，处10年以上有期徒刑、无期徒刑，可以并处没收财产：

（一）为境外窃取、刺探、收买、非法提供绝密级国家秘密的；

（二）为境外窃取、刺探、收买、非法提供三项以上机密级国家秘密的；

（三）为境外窃取、刺探、收买、非法提供国家秘密或者情报，对国家安全和利益造成其他特别严重损害的。

实施前款行为，对国家和人民危害特别严重、情节特别恶劣的，可以判处死刑，并处没收财产。

第三条 为境外窃取、刺探、收买、非法提供国家秘密或者情报，具有下列情形之一的，处5年以上10年以下有期徒刑，可以并处没收财产：

（一）为境外窃取、刺探、收买、非法提供机密级国家秘密的；

（二）为境外窃取、刺探、收买、非法提供三项以上秘密级国家秘密的；

（三）为境外窃取、刺探、收买、非法提供国家秘密或者情报，对国家安全和利益造成其他严重损害的。

第四条 为境外窃取、刺探、收买、非法提供秘密级国家秘密或者情报，属于“情节较轻”，处5年以下有期徒刑、拘役、管制或者剥夺政治权利，可以并处没收财产。

第五条 行为人知道或者应当知道没有标明密级的事项关系国家安全和利益，而为境外窃取、刺探、收买、非法提供的，依照刑法第一百一十一条的规定以为境外窃取、刺探、收买、非法提供国家秘密罪定罪处罚。

第六条 通过互联网将国家秘密或者情报非法发送给境外的机构、组织、个人的，依照刑法第一百一十一条的规定定罪处罚；将国家秘密通过互联网予以发布，情节严重的，依照刑法第三百九十八条的规定定罪处罚。

第七条 审理为境外窃取、刺探、收买、非法提供国家秘密案件，需要对有关事项是否属于国家秘密以及属于何种密级进行鉴定的，由国家保密工作部门或者省、自治区、直辖市保密工作部门鉴定。

人民法院、保密行政管理部门办理侵犯国家秘密案件若干问题的规定

（2020年3月11日　保发〔2020〕2号）

第一条 为保守国家秘密，维护国家安全和利益，加强人民法院、保密行政管理部门办理侵犯国家秘密案件的协调配合，根据《中华人民共和国刑法》、《中华人民共和国刑事诉讼法》、《中华人民共和国保守国家秘密法》等法律法规，制定本规定。

第二条 人民法院、保密行政管理部门办理《中华人民共和国刑法》第一百零九条第二款、第一百一十条、第一百一十一条、第二百八十二条、第三百九十八条、第四百三十一条、第四百三十二条规定的侵犯国家秘密案件，适用本规定。

第三条 人民法院审理侵犯国家秘密案件，需要对有关事项是否属于国家秘密以及属于何种密级或者是否属于情报进行鉴定的，应当由有关机关依据《密级鉴定工作规定》向国家保密行政管理部门或者省、自治区、直辖市保密行政管理部门提起。

第四条 保密行政管理部门对于疑难、复杂的侵犯国家秘密案件，可以商请同级人民法院就专业性法律问题提出咨询或者参考意见。人民法院应当予以支持。

人民法院审理侵犯国家秘密案件，可以商请作出密级鉴定的保密行政管理部门就鉴定依据、危害评估等问题提出咨询或者参考意见。保密行政管理部门应当予以支持。

第五条 最高人民法院应当在每年1月31日前，将人民法院上一年度审结生效的侵犯国家秘密案件情况书面通报国家保密局，并提供裁判文书。因特殊情况不能提供裁判文书的，应当在通报中作出说明。

人民法院审理本规定第二条规定以外的其他案件，发现有未处理涉嫌违反保密法律法规行为的，应当及时将有关情况通报同级或者有管辖权的保密行政管理部门。

第六条 人民法院与保密行政管理部门应当加强沟通

协作，适时相互通报办理侵犯国家秘密案件有关情况，会商案件办理中遇到的法律政策问题，研究阶段性工作重点和措施。

第七条 人民法院与保密行政管理部门应当加强信息沟通和共享。双方分别确定具体牵头部门及联络人员，开展经常性的信息互通、多方位合作，依法加大对侵犯国家秘密案件的查处力度。

第八条 本规定由国家保密局会同最高人民法院负责解释，自印发之日起施行。

中华人民共和国国家情报法

（2017 年 6 月 27 日第十二届全国人民代表大会常务委员会第二十八次会议通过　根据 2018 年 4 月 27 日第十三届全国人民代表大会常务委员会第二次会议《关于修改〈中华人民共和国国境卫生检疫法〉等六部法律的决定》修正）

目　录

第一章　总　　则
第二章　国家情报工作机构职权
第三章　国家情报工作保障

第四章　法律责任
第五章　附　　则

第一章　总　　则

第一条　为了加强和保障国家情报工作，维护国家安全和利益，根据宪法，制定本法。

第二条　国家情报工作坚持总体国家安全观，为国家重大决策提供情报参考，为防范和化解危害国家安全的风险提供情报支持，维护国家政权、主权、统一和领土完整、人民福祉、经济社会可持续发展和国家其他重大利益。

第三条　国家建立健全集中统一、分工协作、科学高效的国家情报体制。

中央国家安全领导机构对国家情报工作实行统一领导，制定国家情报工作方针政策，规划国家情报工作整体发展，建立健全国家情报工作协调机制，统筹协调各领域国家情报工作，研究决定国家情报工作中的重大事项。

中央军事委员会统一领导和组织军队情报工作。

第四条　国家情报工作坚持公开工作与秘密工作相结合、专门工作与群众路线相结合、分工负责与协作配合相结合的原则。

第五条　国家安全机关和公安机关情报机构、军队情报机构（以下统称国家情报工作机构）按照职责分工，相互配合，做好情报工作、开展情报行动。

各有关国家机关应当根据各自职能和任务分工，与国家情报工作机构密切配合。

第六条 国家情报工作机构及其工作人员应当忠于国家和人民，遵守宪法和法律，忠于职守，纪律严明，清正廉洁，无私奉献，坚决维护国家安全和利益。

第七条 任何组织和公民都应当依法支持、协助和配合国家情报工作，保守所知悉的国家情报工作秘密。

国家对支持、协助和配合国家情报工作的个人和组织给予保护。

第八条 国家情报工作应当依法进行，尊重和保障人权，维护个人和组织的合法权益。

第九条 国家对在国家情报工作中作出重大贡献的个人和组织给予表彰和奖励。

第二章 国家情报工作机构职权

第十条 国家情报工作机构根据工作需要，依法使用必要的方式、手段和渠道，在境内外开展情报工作。

第十一条 国家情报工作机构应当依法搜集和处理境外机构、组织、个人实施或者指使、资助他人实施的，或者境内外机构、组织、个人相勾结实施的危害中华人民共和国国家安全和利益行为的相关情报，为防范、制止和惩治上述行为提供情报依据或者参考。

第十二条 国家情报工作机构可以按照国家有关规定，与有关个人和组织建立合作关系，委托开展相关工作。

第十三条 国家情报工作机构可以按照国家有关规定，开展对外交流与合作。

第十四条 国家情报工作机构依法开展情报工作，可以要求有关机关、组织和公民提供必要的支持、协助和配合。

第十五条 国家情报工作机构根据工作需要，按照国家有关规定，经过严格的批准手续，可以采取技术侦察措施和身份保护措施。

第十六条 国家情报工作机构工作人员依法执行任务时，按照国家有关规定，经过批准，出示相应证件，可以进入限制进入的有关区域、场所，可以向有关机关、组织和个人了解、询问有关情况，可以查阅或者调取有关的档案、资料、物品。

第十七条 国家情报工作机构工作人员因执行紧急任务需要，经出示相应证件，可以享受通行便利。

国家情报工作机构工作人员根据工作需要，按照国家有关规定，可以优先使用或者依法征用有关机关、组织和个人的交通工具、通信工具、场地和建筑物，必要时，可以设置相关工作场所和设备、设施，任务完成后应当及时归还或者恢复原状，并依照规定支付相应费用；造成损失的，应当补偿。

第十八条 国家情报工作机构根据工作需要，按照国家有关规定，可以提请海关、出入境边防检查等机关提供免检等便利。

第十九条 国家情报工作机构及其工作人员应当严格依法办事，不得超越职权、滥用职权，不得侵犯公民和组织的合法权益，不得利用职务便利为自己或者他人谋取私利，不得泄露国家秘密、商业秘密和个人信息。

第三章 国家情报工作保障

第二十条 国家情报工作机构及其工作人员依法开展情报工作，受法律保护。

第二十一条 国家加强国家情报工作机构建设，对其机构设置、人员、编制、经费、资产实行特殊管理，给予特殊保障。

国家建立适应情报工作需要的人员录用、选调、考核、培训、待遇、退出等管理制度。

第二十二条 国家情报工作机构应当适应情报工作需要，提高开展情报工作的能力。

国家情报工作机构应当运用科学技术手段，提高对情报信息的鉴别、筛选、综合和研判分析水平。

第二十三条 国家情报工作机构工作人员因执行任务，或者与国家情报工作机构建立合作关系的人员因协助国家情报工作，其本人或者近亲属人身安全受到威胁时，国家有关部门应当采取必要措施，予以保护、营救。

第二十四条 对为国家情报工作作出贡献并需要安置的人员，国家给予妥善安置。

公安、民政、财政、卫生、教育、人力资源社会保障、退役军人事务、医疗保障等有关部门以及国有企业事业单位应当协助国家情报工作机构做好安置工作。

第二十五条 对因开展国家情报工作或者支持、协助和配合国家情报工作导致伤残或者牺牲、死亡的人员，按照国家有关规定给予相应的抚恤优待。

个人和组织因支持、协助和配合国家情报工作导致财产损失的，按照国家有关规定给予补偿。

第二十六条 国家情报工作机构应当建立健全严格的监督和安全审查制度，对其工作人员遵守法律和纪律等情况进行监督，并依法采取必要措施，定期或者不定期进行安全审查。

第二十七条 任何个人和组织对国家情报工作机构及其工作人员超越职权、滥用职权和其他违法违纪行为，有权检举、控告。受理检举、控告的有关机关应当及时查处，并将查处结果告知检举人、控告人。

对依法检举、控告国家情报工作机构及其工作人员的个人和组织，任何个人和组织不得压制和打击报复。

国家情报工作机构应当为个人和组织检举、控告、反映情况提供便利渠道，并为检举人、控告人保密。

第四章　法律责任

第二十八条　违反本法规定，阻碍国家情报工作机构及其工作人员依法开展情报工作的，由国家情报工作机构建议相关单位给予处分或者由国家安全机关、公安机关处警告或者十五日以下拘留；构成犯罪的，依法追究刑事责任。

第二十九条　泄露与国家情报工作有关的国家秘密的，由国家情报工作机构建议相关单位给予处分或者由国家安全机关、公安机关处警告或者十五日以下拘留；构成犯罪的，依法追究刑事责任。

第三十条　冒充国家情报工作机构工作人员或者其他相关人员实施招摇撞骗、诈骗、敲诈勒索等行为的，依照《中华人民共和国治安管理处罚法》的规定处罚；构成犯罪的，依法追究刑事责任。

第三十一条　国家情报工作机构及其工作人员有超越职权、滥用职权，侵犯公民和组织的合法权益，利用职务便利为自己或者他人谋取私利，泄露国家秘密、商业秘密和个人信息等违法违纪行为的，依法给予处分；构成犯罪的，依法追究刑事责任。

第五章　附　　则

第三十二条　本法自2017年6月28日起施行。

中华人民共和国测绘法（节录）

（1992年12月28日第七届全国人民代表大会常务委员会第二十九次会议通过　2002年8月29日第九届全国人民代表大会常务委员会第二十九次会议第一次修订　2017年4月27日第十二届全国人民代表大会常务委员会第二十七次会议第二次修订　2017年4月27日中华人民共和国主席令第67号公布　自2017年7月1日起施行）

……

第八条　外国的组织或者个人在中华人民共和国领域和中华人民共和国管辖的其他海域从事测绘活动，应当经国务院测绘地理信息主管部门会同军队测绘部门批准，并遵守中华人民共和国有关法律、行政法规的规定。

外国的组织或者个人在中华人民共和国领域从事测绘活动，应当与中华人民共和国有关部门或者单位合作进行，并不得涉及国家秘密和危害国家安全。

……

第三十四条　县级以上人民政府测绘地理信息主管部门应当积极推进公众版测绘成果的加工和编制工作，通过提供公众版测绘成果、保密技术处理等方式，促进测绘成果的社会化应用。

测绘成果保管单位应当采取措施保障测绘成果的完整和安全，并按照国家有关规定向社会公开和提供利用。

测绘成果属于国家秘密的，适用保密法律、行政法规的规定；需要对外提供的，按照国务院和中央军事委员会规定的审批程序执行。

测绘成果的秘密范围和秘密等级，应当依照保密法律、行政法规的规定，按照保障国家秘密安全、促进地理信息共享和应用的原则确定并及时调整、公布。

……

第四十七条 地理信息生产、保管、利用单位应当对属于国家秘密的地理信息的获取、持有、提供、利用情况进行登记并长期保存，实行可追溯管理。

从事测绘活动涉及获取、持有、提供、利用属于国家秘密的地理信息，应当遵守保密法律、行政法规和国家有关规定。

地理信息生产、利用单位和互联网地图服务提供者收集、使用用户个人信息的，应当遵守法律、行政法规关于个人信息保护的规定。

……

第六十六条 本法规定的降低测绘资质等级、暂扣测绘资质证书、吊销测绘资质证书的行政处罚，由颁发测绘资质证书的部门决定；其他行政处罚，由县级以上人民政府测绘地理信息主管部门决定。

本法第五十一条规定的限期出境和驱逐出境由公安机关依法决定并执行。

……

中华人民共和国监察法（节录）

（2018年3月20日第十三届全国人民代表大会第一次会议通过　2018年3月20日中华人民共和国主席令第3号公布　自公布之日起施行）

……

第十八条　监察机关行使监督、调查职权，有权依法向有关单位和个人了解情况，收集、调取证据。有关单位和个人应当如实提供。

监察机关及其工作人员对监督、调查过程中知悉的国家秘密、商业秘密、个人隐私，应当保密。

任何单位和个人不得伪造、隐匿或者毁灭证据。

……

第五十六条　监察人员必须模范遵守宪法和法律，忠于职守、秉公执法，清正廉洁、保守秘密；必须具有良好的政治素质，熟悉监察业务，具备运用法律、法规、政策和调查取证等能力，自觉接受监督。

……

第五十九条　监察机关涉密人员离岗离职后，应当遵守脱密期管理规定，严格履行保密义务，不得泄露相关秘密。

监察人员辞职、退休三年内，不得从事与监察和司法工作相关联且可能发生利益冲突的职业。

……

中华人民共和国
公职人员政务处分法（节录）

（2020年6月20日第十三届全国人民代表大会常务委员会第十九次会议通过　2020年6月20日中华人民共和国主席令第46号公布　自2020年7月1日起施行）

……

第三十九条　有下列行为之一，造成不良后果或者影响的，予以警告、记过或者记大过；情节较重的，予以降级或者撤职；情节严重的，予以开除：

（一）滥用职权，危害国家利益、社会公共利益或者侵害公民、法人、其他组织合法权益的；

（二）不履行或者不正确履行职责，玩忽职守，贻误工作的；

（三）工作中有形式主义、官僚主义行为的；

（四）工作中有弄虚作假，误导、欺骗行为的；

（五）泄露国家秘密、工作秘密，或者泄露因履行职责掌握的商业秘密、个人隐私的。

……

中华人民共和国政府信息公开条例

（2007 年 4 月 5 日中华人民共和国国务院令第 492 号公布　2019 年 4 月 3 日中华人民共和国国务院令第 711 号修订）

第一章　总　　则

第一条　为了保障公民、法人和其他组织依法获取政府信息，提高政府工作的透明度，建设法治政府，充分发挥政府信息对人民群众生产、生活和经济社会活动的服务作用，制定本条例。

第二条　本条例所称政府信息，是指行政机关在履行行政管理职能过程中制作或者获取的，以一定形式记录、保存的信息。

第三条　各级人民政府应当加强对政府信息公开工作的组织领导。

国务院办公厅是全国政府信息公开工作的主管部门，负责推进、指导、协调、监督全国的政府信息公开工作。

县级以上地方人民政府办公厅（室）是本行政区域的政府信息公开工作主管部门，负责推进、指导、协调、监督本行政区域的政府信息公开工作。

实行垂直领导的部门的办公厅（室）主管本系统的政府信息公开工作。

第四条 各级人民政府及县级以上人民政府部门应当建立健全本行政机关的政府信息公开工作制度，并指定机构（以下统称政府信息公开工作机构）负责本行政机关政府信息公开的日常工作。

政府信息公开工作机构的具体职能是：

（一）办理本行政机关的政府信息公开事宜；

（二）维护和更新本行政机关公开的政府信息；

（三）组织编制本行政机关的政府信息公开指南、政府信息公开目录和政府信息公开工作年度报告；

（四）组织开展对拟公开政府信息的审查；

（五）本行政机关规定的与政府信息公开有关的其他职能。

第五条 行政机关公开政府信息，应当坚持以公开为常态、不公开为例外，遵循公正、公平、合法、便民的原则。

第六条 行政机关应当及时、准确地公开政府信息。

行政机关发现影响或者可能影响社会稳定、扰乱社会和经济管理秩序的虚假或者不完整信息的，应当发布准确的政府信息予以澄清。

第七条 各级人民政府应当积极推进政府信息公开工作，逐步增加政府信息公开的内容。

第八条 各级人民政府应当加强政府信息资源的规范化、标准化、信息化管理，加强互联网政府信息公开平台建设，推进政府信息公开平台与政务服务平台融合，提高政府信息公开在线办理水平。

第九条 公民、法人和其他组织有权对行政机关的政府信息公开工作进行监督，并提出批评和建议。

第二章 公开的主体和范围

第十条 行政机关制作的政府信息，由制作该政府信息的行政机关负责公开。行政机关从公民、法人和其他组织获取的政府信息，由保存该政府信息的行政机关负责公开；行政机关获取的其他行政机关的政府信息，由制作或者最初获取该政府信息的行政机关负责公开。法律、法规对政府信息公开的权限另有规定的，从其规定。

行政机关设立的派出机构、内设机构依照法律、法规对外以自己名义履行行政管理职能的，可以由该派出机构、内设机构负责与所履行行政管理职能有关的政府信息公开工作。

两个以上行政机关共同制作的政府信息，由牵头制作的行政机关负责公开。

第十一条 行政机关应当建立健全政府信息公开协调机制。行政机关公开政府信息涉及其他机关的，应当与有关机关协商、确认，保证行政机关公开的政府信息准确一致。

行政机关公开政府信息依照法律、行政法规和国家有关规定需要批准的，经批准予以公开。

第十二条 行政机关编制、公布的政府信息公开指南和政府信息公开目录应当及时更新。

政府信息公开指南包括政府信息的分类、编排体系、获取方式和政府信息公开工作机构的名称、办公地址、办公时间、联系电话、传真号码、互联网联系方式等内容。

政府信息公开目录包括政府信息的索引、名称、内容概述、生成日期等内容。

第十三条 除本条例第十四条、第十五条、第十六条规定的政府信息外，政府信息应当公开。

行政机关公开政府信息，采取主动公开和依申请公开的方式。

第十四条 依法确定为国家秘密的政府信息，法律、行政法规禁止公开的政府信息，以及公开后可能危及国家安全、公共安全、经济安全、社会稳定的政府信息，不予公开。

第十五条 涉及商业秘密、个人隐私等公开会对第三方合法权益造成损害的政府信息，行政机关不得公开。但是，第三方同意公开或者行政机关认为不公开会对公共利益造成重大影响的，予以公开。

第十六条 行政机关的内部事务信息，包括人事管理、后勤管理、内部工作流程等方面的信息，可以不予公开。

行政机关在履行行政管理职能过程中形成的讨论记录、过程稿、磋商信函、请示报告等过程性信息以及行政执法案卷信息，可以不予公开。法律、法规、规章规定上述信息应当公开的，从其规定。

第十七条 行政机关应当建立健全政府信息公开审查机制，明确审查的程序和责任。

行政机关应当依照《中华人民共和国保守国家秘密法》以及其他法律、法规和国家有关规定对拟公开的政府信息进行审查。

行政机关不能确定政府信息是否可以公开的，应当依照法律、法规和国家有关规定报有关主管部门或者保密行政管理部门确定。

第十八条 行政机关应当建立健全政府信息管理动态调整机制，对本行政机关不予公开的政府信息进行定期评估审查，对因情势变化可以公开的政府信息应当公开。

第三章　主动公开

第十九条 对涉及公众利益调整、需要公众广泛知晓或者需要公众参与决策的政府信息，行政机关应当主动公开。

第二十条 行政机关应当依照本条例第十九条的规定，主动公开本行政机关的下列政府信息：

（一）行政法规、规章和规范性文件；

（二）机关职能、机构设置、办公地址、办公时间、联系方式、负责人姓名；

（三）国民经济和社会发展规划、专项规划、区域规划及相关政策；

（四）国民经济和社会发展统计信息；

（五）办理行政许可和其他对外管理服务事项的依据、条件、程序以及办理结果；

（六）实施行政处罚、行政强制的依据、条件、程序以及本行政机关认为具有一定社会影响的行政处罚决定；

（七）财政预算、决算信息；

（八）行政事业性收费项目及其依据、标准；

（九）政府集中采购项目的目录、标准及实施情况；

（十）重大建设项目的批准和实施情况；

（十一）扶贫、教育、医疗、社会保障、促进就业等方面的政策、措施及其实施情况；

（十二）突发公共事件的应急预案、预警信息及应对情况；

（十三）环境保护、公共卫生、安全生产、食品药品、产品质量的监督检查情况；

（十四）公务员招考的职位、名额、报考条件等事项以及录用结果；

（十五）法律、法规、规章和国家有关规定规定应当主动公开的其他政府信息。

第二十一条 除本条例第二十条规定的政府信息外，设区的市级、县级人民政府及其部门还应当根据本地方的具体情况，主动公开涉及市政建设、公共服务、公益事业、土地征收、房屋征收、治安管理、社会救助等方面的政府信息；乡（镇）人民政府还应当根据本地方的具体情况，主动公开贯彻落实农业农村政策、农田水利工程建设运营、农村土地承包经营权流转、宅基地使用情况审核、土地征收、房屋征收、筹资筹劳、社会救助等方面的政府信息。

第二十二条 行政机关应当依照本条例第二十条、第二十一条的规定，确定主动公开政府信息的具体内容，并按照上级行政机关的部署，不断增加主动公开的内容。

第二十三条 行政机关应当建立健全政府信息发布机制，将主动公开的政府信息通过政府公报、政府网站或者其他互联网政务媒体、新闻发布会以及报刊、广播、电视等途径予以公开。

第二十四条 各级人民政府应当加强依托政府门户网站公开政府信息的工作，利用统一的政府信息公开平台集中发布主动公开的政府信息。政府信息公开平台应当具备信息检索、查阅、下载等功能。

第二十五条 各级人民政府应当在国家档案馆、公共图书馆、政务服务场所设置政府信息查阅场所，并配备相应的设施、设备，为公民、法人和其他组织获取政府信息提供便利。

行政机关可以根据需要设立公共查阅室、资料索取点、信息公告栏、电子信息屏等场所、设施，公开政府信息。

行政机关应当及时向国家档案馆、公共图书馆提供主动公开的政府信息。

第二十六条 属于主动公开范围的政府信息，应当自该政府信息形成或者变更之日起20个工作日内及时公开。法律、法规对政府信息公开的期限另有规定的，从其规定。

第四章 依申请公开

第二十七条 除行政机关主动公开的政府信息外，公民、法人或者其他组织可以向地方各级人民政府、对外以自己名义履行行政管理职能的县级以上人民政府部门（含本条例第十条第二款规定的派出机构、内设机构）申请获取相关政府信息。

第二十八条 本条例第二十七条规定的行政机关应当建立完善政府信息公开申请渠道，为申请人依法申请获取政府信息提供便利。

第二十九条 公民、法人或者其他组织申请获取政府信息的，应当向行政机关的政府信息公开工作机构提出，并采用包括信件、数据电文在内的书面形式；采用书面形式确有困难的，申请人可以口头提出，由受理该申请的政府信息公开工作机构代为填写政府信息公开申请。

政府信息公开申请应当包括下列内容：

（一）申请人的姓名或者名称、身份证明、联系方式；

（二）申请公开的政府信息的名称、文号或者便于行政机关查询的其他特征性描述；

（三）申请公开的政府信息的形式要求，包括获取信息的方式、途径。

第三十条 政府信息公开申请内容不明确的，行政机关应当给予指导和释明，并自收到申请之日起 7 个工作日内一次性告知申请人作出补正，说明需要补正的事项和合理的补正期限。答复期限自行政机关收到补正的申请之日起计算。申请人无正当理由逾期不补正的，视为放弃申请，行政机关不再处理该政府信息公开申请。

第三十一条 行政机关收到政府信息公开申请的时间，按照下列规定确定：

（一）申请人当面提交政府信息公开申请的，以提交之日为收到申请之日；

（二）申请人以邮寄方式提交政府信息公开申请的，以行政机关签收之日为收到申请之日；以平常信函等无需签收的邮寄方式提交政府信息公开申请的，政府信息公开工作机构应当于收到申请的当日与申请人确认，确认之日为收到申请之日；

（三）申请人通过互联网渠道或者政府信息公开工作机构的传真提交政府信息公开申请的，以双方确认之日为收到申请之日。

第三十二条 依申请公开的政府信息公开会损害第三方合法权益的，行政机关应当书面征求第三方的意见。第三方应当自收到征求意见书之日起15个工作日内提出意见。第三方逾期未提出意见的，由行政机关依照本条例的规定决定是否公开。第三方不同意公开且有合理理由的，行政机关不予公开。行政机关认为不公开可能对公共利益造成重大影响的，可以决定予以公开，并将决定公开的政府信息内容和理由书面告知第三方。

第三十三条 行政机关收到政府信息公开申请，能够当场答复的，应当当场予以答复。

行政机关不能当场答复的，应当自收到申请之日起20个工作日内予以答复；需要延长答复期限的，应当经政府信息公开工作机构负责人同意并告知申请人，延长的期限最长不得超过20个工作日。

行政机关征求第三方和其他机关意见所需时间不计算在前款规定的期限内。

第三十四条 申请公开的政府信息由两个以上行政机关共同制作的，牵头制作的行政机关收到政府信息公开申请后可以征求相关行政机关的意见，被征求意见机关应当自收到征求意见书之日起15个工作日内提出意见，逾期未提出意见的视为同意公开。

第三十五条 申请人申请公开政府信息的数量、频次明显超过合理范围，行政机关可以要求申请人说明理由。行政机关认为申请理由不合理的，告知申请人不予处理；行政机关认为申请理由合理，但是无法在本条例第三十三条规定的期限内答复申请人的，可以确定延迟答复的合理期限并告知申请人。

第三十六条 对政府信息公开申请，行政机关根据下列情况分别作出答复：

（一）所申请公开信息已经主动公开的，告知申请人获取该政府信息的方式、途径；

（二）所申请公开信息可以公开的，向申请人提供该政府信息，或者告知申请人获取该政府信息的方式、途径和时间；

（三）行政机关依据本条例的规定决定不予公开的，告知申请人不予公开并说明理由；

（四）经检索没有所申请公开信息的，告知申请人该政府信息不存在；

（五）所申请公开信息不属于本行政机关负责公开的，告知申请人并说明理由；能够确定负责公开该政府信息的行政机关的，告知申请人该行政机关的名称、联系方式；

（六）行政机关已就申请人提出的政府信息公开申请作出答复、申请人重复申请公开相同政府信息的，告知申请人不予重复处理；

（七）所申请公开信息属于工商、不动产登记资料等信息，有关法律、行政法规对信息的获取有特别规定的，告知申请人依照有关法律、行政法规的规定办理。

第三十七条 申请公开的信息中含有不应当公开或者不属于政府信息的内容，但是能够作区分处理的，行政机关应当向申请人提供可以公开的政府信息内容，并对不予公开的内容说明理由。

第三十八条 行政机关向申请人提供的信息，应当是已制作或者获取的政府信息。除依照本条例第三十七条的规定能够作区分处理的外，需要行政机关对现有政府信息进行加工、分析的，行政机关可以不予提供。

第三十九条 申请人以政府信息公开申请的形式进行信访、投诉、举报等活动，行政机关应当告知申请人不作为政府信息公开申请处理并可以告知通过相应渠道提出。

申请人提出的申请内容为要求行政机关提供政府公报、报刊、书籍等公开出版物的，行政机关可以告知获取的途径。

第四十条 行政机关依申请公开政府信息，应当根据申请人的要求及行政机关保存政府信息的实际情况，确定提供政府信息的具体形式；按照申请人要求的形式提供政府信息，可能危及政府信息载体安全或者公开成本过高的，可以通过电子数据以及其他适当形式提供，或者安排申请人查阅、抄录相关政府信息。

第四十一条 公民、法人或者其他组织有证据证明行政机关提供的与其自身相关的政府信息记录不准确的，可以要求行政机关更正。有权更正的行政机关审核属实的，应当予以更正并告知申请人；不属于本行政机关职能范围的，行政机关可以转送有权更正的行政机关处理并告知申请人，或者告知申请人向有权更正的行政机关提出。

第四十二条 行政机关依申请提供政府信息，不收取费用。但是，申请人申请公开政府信息的数量、频次明显超过合理范围的，行政机关可以收取信息处理费。

行政机关收取信息处理费的具体办法由国务院价格主管部门会同国务院财政部门、全国政府信息公开工作主管部门制定。

第四十三条 申请公开政府信息的公民存在阅读困难或者视听障碍的，行政机关应当为其提供必要的帮助。

第四十四条 多个申请人就相同政府信息向同一行政机关提出公开申请，且该政府信息属于可以公开的，行政机关可以纳入主动公开的范围。

对行政机关依申请公开的政府信息，申请人认为涉及公众利益调整、需要公众广泛知晓或者需要公众参与决策的，可以建议行政机关将该信息纳入主动公开的范围。行政机关经审核认为属于主动公开范围的，应当及时主动公开。

第四十五条 行政机关应当建立健全政府信息公开申请登记、审核、办理、答复、归档的工作制度，加强工作规范。

第五章 监督和保障

第四十六条 各级人民政府应当建立健全政府信息公开工作考核制度、社会评议制度和责任追究制度，定期对政府信息公开工作进行考核、评议。

第四十七条 政府信息公开工作主管部门应当加强对政府信息公开工作的日常指导和监督检查，对行政机关未按照要求开展政府信息公开工作的，予以督促整改或者通报批评；需要对负有责任的领导人员和直接责任人员追究责任的，依法向有权机关提出处理建议。

公民、法人或者其他组织认为行政机关未按照要求主动公开政府信息或者对政府信息公开申请不依法答复处理的，可以向政府信息公开工作主管部门提出。政府信息公开工作主管部门查证属实的，应当予以督促整改或者通报批评。

第四十八条 政府信息公开工作主管部门应当对行政机关的政府信息公开工作人员定期进行培训。

第四十九条 县级以上人民政府部门应当在每年 1 月 31 日前向本级政府信息公开工作主管部门提交本行政机关上一年度政府信息公开工作年度报告并向社会公布。

县级以上地方人民政府的政府信息公开工作主管部门应当在每年 3 月 31 日前向社会公布本级政府上一年度政府信息公开工作年度报告。

第五十条 政府信息公开工作年度报告应当包括下列内容：

（一）行政机关主动公开政府信息的情况；

（二）行政机关收到和处理政府信息公开申请的情况；

（三）因政府信息公开工作被申请行政复议、提起行政诉讼的情况；

（四）政府信息公开工作存在的主要问题及改进情况，各级人民政府的政府信息公开工作年度报告还应当包括工作考核、社会评议和责任追究结果情况；

（五）其他需要报告的事项。

全国政府信息公开工作主管部门应当公布政府信息公开工作年度报告统一格式，并适时更新。

第五十一条 公民、法人或者其他组织认为行政机关在政府信息公开工作中侵犯其合法权益的，可以向上一级行政机关或者政府信息公开工作主管部门投诉、举报，也可以依法申请行政复议或者提起行政诉讼。

第五十二条 行政机关违反本条例的规定，未建立健全政府信息公开有关制度、机制的，由上一级行政机关责令改正；情节严重的，对负有责任的领导人员和直接责任人员依法给予处分。

第五十三条 行政机关违反本条例的规定，有下列情形之一的，由上一级行政机关责令改正；情节严重的，对负有责任的领导人员和直接责任人员依法给予处分；构成犯罪的，依法追究刑事责任：

（一）不依法履行政府信息公开职能；

（二）不及时更新公开的政府信息内容、政府信息公开指南和政府信息公开目录；

（三）违反本条例规定的其他情形。

第六章　附　　则

第五十四条　法律、法规授权的具有管理公共事务职能的组织公开政府信息的活动，适用本条例。

第五十五条　教育、卫生健康、供水、供电、供气、供热、环境保护、公共交通等与人民群众利益密切相关的公共企事业单位，公开在提供社会公共服务过程中制作、获取的信息，依照相关法律、法规和国务院有关主管部门或者机构的规定执行。全国政府信息公开工作主管部门根据实际需要可以制定专门的规定。

前款规定的公共企事业单位未依照相关法律、法规和国务院有关主管部门或者机构的规定公开在提供社会公共服务过程中制作、获取的信息，公民、法人或者其他组织可以向有关主管部门或者机构申诉，接受申诉的部门或者机构应当及时调查处理并将处理结果告知申诉人。

第五十六条　本条例自2019年5月15日起施行。

中华人民共和国国防动员法（节录）

（2010 年 2 月 26 日第十一届全国人民代表大会常务委员会第十三次会议通过　2010 年 2 月 26 日中华人民共和国主席令第 25 号公布　自 2010 年 7 月 1 日起施行）

……

第五十条　被确定担负国防勤务的人员，应当服从指挥、履行职责、遵守纪律、保守秘密。担负国防勤务的人员所在单位应当给予支持和协助。

……

第七十条　有下列行为之一的，对直接负责的主管人员和其他直接责任人员，依法给予处分：

（一）拒不执行上级下达的国防动员命令的；

（二）滥用职权或者玩忽职守，给国防动员工作造成严重损失的；

（三）对征用的民用资源，拒不登记、出具凭证，或者违反规定使用造成严重损坏，以及不按照规定予以返还或者补偿的；

（四）泄露国防动员秘密的；

（五）贪污、挪用国防动员经费、物资的；

（六）滥用职权，侵犯和损害公民或者组织合法权益的。

……

中华人民共和国反恐怖主义法（节录）

（2015年12月27日第十二届全国人民代表大会常务委员会第十八次会议通过　根据2018年4月27日第十三届全国人民代表大会常务委员会第二次会议《关于修改〈中华人民共和国国境卫生检疫法〉等六部法律的决定》修正）

……

第四十八条　反恐怖主义工作领导机构、有关部门和单位、个人应当对履行反恐怖主义工作职责、义务过程中知悉的国家秘密、商业秘密和个人隐私予以保密。

违反规定泄露国家秘密、商业秘密和个人隐私的，依法追究法律责任。

……

第九十四条　反恐怖主义工作领导机构、有关部门的工作人员在反恐怖主义工作中滥用职权、玩忽职守、徇私舞弊，或者有违反规定泄露国家秘密、商业秘密和个人隐私等行为，构成犯罪的，依法追究刑事责任；尚不构成犯罪的，依法给予处分。

反恐怖主义工作领导机构、有关部门及其工作人员在反恐怖主义工作中滥用职权、玩忽职守、徇私舞弊或者有其他违法违纪行为的，任何单位和个人有权向有关部门检举、控告。有关部门接到检举、控告后，应当及时处理并回复检举、控告人。

……

中华人民共和国公务员法（节录）

（2005年4月27日第十届全国人民代表大会常务委员会第十五次会议通过　根据2017年9月1日第十二届全国人民代表大会常务委员会第二十九次会议《关于修改〈中华人民共和国法官法〉等八部法律的决定》修正　2018年12月29日第十三届全国人民代表大会常务委员会第七次会议修订　2018年12月29日中华人民共和国主席令第20号公布　自2019年6月1日起施行）

……

第十四条　公务员应当履行下列义务：

（一）忠于宪法，模范遵守、自觉维护宪法和法律，自觉接受中国共产党领导；

（二）忠于国家，维护国家的安全、荣誉和利益；

（三）忠于人民，全心全意为人民服务，接受人民监督；

（四）忠于职守，勤勉尽责，服从和执行上级依法作出的决定和命令，按照规定的权限和程序履行职责，努力提高工作质量和效率；

（五）保守国家秘密和工作秘密；

（六）带头践行社会主义核心价值观，坚守法治，遵守纪律，恪守职业道德，模范遵守社会公德、家庭美德；

（七）清正廉洁，公道正派；

（八）法律规定的其他义务。

……

第五十九条 公务员应当遵纪守法，不得有下列行为：

（一）散布有损宪法权威、中国共产党和国家声誉的言论，组织或者参加旨在反对宪法、中国共产党领导和国家的集会、游行、示威等活动；

（二）组织或者参加非法组织，组织或者参加罢工；

（三）挑拨、破坏民族关系，参加民族分裂活动或者组织、利用宗教活动破坏民族团结和社会稳定；

（四）不担当，不作为，玩忽职守，贻误工作；

（五）拒绝执行上级依法作出的决定和命令；

（六）对批评、申诉、控告、检举进行压制或者打击报复；

（七）弄虚作假，误导、欺骗领导和公众；

（八）贪污贿赂，利用职务之便为自己或者他人谋取私利；

（九）违反财经纪律，浪费国家资财；

（十）滥用职权，侵害公民、法人或者其他组织的合法权益；

（十一）泄露国家秘密或者工作秘密；

（十二）在对外交往中损害国家荣誉和利益；

（十三）参与或者支持色情、吸毒、赌博、迷信等活动；

（十四）违反职业道德、社会公德和家庭美德；

（十五）违反有关规定参与禁止的网络传播行为或者网络活动；

（十六）违反有关规定从事或者参与营利性活动，在企业或者其他营利性组织中兼任职务；

（十七）旷工或者因公外出、请假期满无正当理由逾期不归；

（十八）违纪违法的其他行为。

……

第八十六条　公务员有下列情形之一的，不得辞去公职：

（一）未满国家规定的最低服务年限的；

（二）在涉及国家秘密等特殊职位任职或者离开上述职位不满国家规定的脱密期限的；

（三）重要公务尚未处理完毕，且须由本人继续处理的；

（四）正在接受审计、纪律审查、监察调查，或者涉嫌犯罪，司法程序尚未终结的；

（五）法律、行政法规规定的其他不得辞去公职的情形。

……

第一百条 机关根据工作需要，经省级以上公务员主管部门批准，可以对专业性较强的职位和辅助性职位实行聘任制。

前款所列职位涉及国家秘密的，不实行聘任制。

……

涉密信息系统集成资质管理办法

（2020 年 12 月 10 日国家保密局令 2020 年第 1 号公布 自 2021 年 3 月 1 日起施行）

第一章 总 则

第一条 为了加强涉密信息系统集成资质管理，确保国家秘密安全，根据《中华人民共和国保守国家秘密法》、《中华人民共和国行政许可法》、《中华人民共和国行政处罚法》、《中华人民共和国保守国家秘密法实施条例》等有关法律法规，制定本办法。

第二条 本办法所称涉密信息系统集成（以下简称涉密集成），是指涉密信息系统的规划、设计、建设、监理和运行维护等活动。

涉密集成资质是指保密行政管理部门许可企业事业单位从事涉密信息系统集成业务的法定资格。

第三条 涉密集成资质的申请、受理、审查、决定、使用和监督管理，适用本办法。

第四条 从事涉密集成业务的企业事业单位应当依照本办法，取得涉密集成资质。

国家机关和涉及国家秘密的单位（以下简称机关、单位）应当选择具有涉密集成资质的单位（以下简称资质单位）承接涉密集成业务。

第五条 涉密集成资质管理应当遵循依法管理、安全保密、科学发展、公平公正的原则。

第六条 国家保密行政管理部门主管全国涉密集成资质管理工作，省级保密行政管理部门主管本行政区域内涉密集成资质管理工作。

省级以上保密行政管理部门根据工作需要，可以委托下一级保密行政管理部门开展审查工作，或者组织机构协助开展工作。

第七条 省级以上保密行政管理部门应当指定专门机构承担保密资质管理日常工作。

第八条 省级以上保密行政管理部门建立保密资质审查专家库，组织开展入库审查、培训考核等工作。

第九条 实施涉密集成资质许可不收取任何费用，所需经费纳入同级财政预算。

第二章　等级与条件

第十条　涉密集成资质分为甲级和乙级两个等级。

甲级资质单位可以从事绝密级、机密级和秘密级涉密集成业务；乙级资质单位可以从事机密级、秘密级涉密集成业务。

第十一条　涉密集成资质包括总体集成、系统咨询、软件开发、安防监控、屏蔽室建设、运行维护、数据恢复、工程监理，以及国家保密行政管理部门许可的其他涉密集成业务。取得总体集成业务种类许可的，除从事系统集成业务外，还可从事软件开发、安防监控和所承建系统的运行维护业务。

资质单位应当在保密行政管理部门许可的业务种类范围内承接涉密集成业务。承接涉密系统咨询、工程监理业务的，不得承接所咨询、监理业务的其他涉密集成业务。

第十二条　申请单位应当具备以下基本条件：

（一）在中华人民共和国境内依法成立三年以上的法人；

（二）无犯罪记录且近三年内未被吊销保密资质（资格），法定代表人、主要负责人、实际控制人未被列入失信人员名单；

（三）法定代表人、主要负责人、实际控制人、董（监）事会人员、高级管理人员以及从事涉密集成业务人员具有中华人民共和国国籍，无境外永久居留权或者长期居留许可，与境外人员无婚姻关系，国家另有规定的除外；

（四）具有从事涉密集成业务的专业能力；

（五）法律、行政法规和国家保密行政管理部门规定的其他条件。

第十三条 申请单位应当具备以下保密条件：

（一）有专门机构或者人员负责保密工作；

（二）保密制度完善；

（三）从事涉密集成业务的人员经过保密教育培训，具备必要的保密知识和技能；

（四）用于涉密集成业务的场所、设施、设备符合国家保密规定和标准；

（五）有专门的保密工作经费；

（六）法律、行政法规和国家保密行政管理部门规定的其他保密条件。

第十四条 申请单位应当无外国投资者直接投资，且通过间接方式投资的外国投资者在申请单位中的出资比例最终不得超过20%；申请单位及其股东的实际控制人不得为外国投资者，外国投资者在申请单位母公司中的出资比例最终不得超过20%。

在新三板挂牌的企业申请资质以及资质有效期内的，还应当符合以下条件：

（一）参与挂牌交易的股份比例不高于总股本的30%；

（二）实际控制人在申请期间及资质有效期内保持控

制地位不变。

第十五条 申请单位应当建立完善的内部管理和信息披露制度，未经国务院有关主管部门或者省级人民政府有关主管部门批准，外国投资者不得接触、知悉国家秘密信息。

第十六条 申请单位申请不同等级和业务种类的涉密集成资质，应当符合涉密集成资质具体条件的要求。

第三章 申请、受理、审查与决定

第十七条 申请甲级资质的，应当向国家保密行政管理部门提出申请；申请乙级资质的，应当向注册地的省级保密行政管理部门提出申请。申请单位应当提交以下材料：

（一）《涉密信息系统集成资质申请书》（以下简称申请书）；

（二）企业营业执照或者事业单位法人证书；

（三）在登记机关备案的章程；

（四）法定代表人、主要负责人、实际控制人、董（监）事会人员、高级管理人员以及从事涉密集成业务的其他人员情况；

（五）资本结构和股权情况；

（六）生产经营和办公场所产权证书或者租赁合同；

（七）近三年集成业务合同清单；

（八）涉密集成业务场所和保密设施、设备情况；

（九）基本管理制度、保密制度以及保密体系运行情况。

申请书及相关材料不得涉及国家秘密，申请单位应当对申请材料的真实性和完整性负责。

第十八条 保密行政管理部门收到申请材料后，应当在五日内完成审查。申请材料齐全且符合法定形式的，应当受理并发出受理通知书；申请材料不齐全或者不符合法定形式的，应当一次告知申请单位十五日内补正材料；逾期未告知申请单位补正的，自收到申请材料之日起即为受理。申请单位十五日内不予补正的，视为放弃本次行政许可申请。

第十九条 资质审查分为书面审查、现场审查。确有需要的，可以组织专家开展评审。

第二十条 对作出受理决定的，保密行政管理部门应当对提交的申请材料进行书面审查。

第二十一条 对书面审查合格的单位，保密行政管理部门应当指派两名以上工作人员，并可以结合工作实际指派一名以上审查专家，依据涉密集成资质审查细则和评分标准，对保密制度、保密工作机构、保密监督管理、涉密人员管理、保密技术防护以及从事涉密集成业务的专业能力等情况进行现场审查。

涉密集成资质审查细则和评分标准由国家保密行政管理部门另行规定。

第二十二条 现场审查应当按照以下程序进行：

（一）提前五日以传真、电子邮件等形式书面通知申请单位现场审查时间；

（二）听取申请单位情况汇报和对有关事项的说明；

（三）审查有关材料；

（四）与主要负责人、保密工作负责人及有关人员谈话了解情况；

（五）组织涉密人员进行保密知识测试；

（六）对涉密场所、涉密设备等进行实地查看；

（七）汇总现场审查情况，形成现场审查报告；

（八）通报审查情况，申请单位法定代表人或者主要负责人在现场审查报告上签字确认。

第二十三条 申请单位具有下列情形之一的，保密行政管理部门应当终止审查：

（一）隐瞒有关情况或者提供虚假材料的；

（二）采取贿赂、请托等不正当手段，影响审查工作公平公正进行的；

（三）无正当理由拒绝按通知时间接受现场审查的；

（四）现场审查中发现不符合评分标准基本项的；

（五）其他违反保密法律法规的行为。

第二十四条 申请单位书面审查、现场审查合格的，保密行政管理部门应当准予行政许可。

申请单位具有下列情形之一的，保密行政管理部门应当作出不予行政许可的书面决定，说明理由并告知申请单位相关权利：

（一）书面审查不合格的；

（二）现场审查不合格的；

（三）终止审查的；

（四）法律、行政法规规定的不予行政许可的其他情形。

第二十五条 保密行政管理部门应当自受理申请之日起二十日内，对申请单位作出准予行政许可或者不予行政许可的决定。二十日内不能作出决定的，经本行政机关负责人批准，可以延长十日，并应当将延长期限的理由告知申请单位。

保密行政管理部门组织开展专家评审、鉴定所需时间不计入行政许可期限。

第二十六条 保密行政管理部门作出准予行政许可的决定的，自作出决定之日起十日内向申请单位颁发《涉密信息系统集成资质证书》（以下简称《资质证书》）。

第二十七条 《资质证书》有效期为五年，分为正本和副本，正本和副本具有同等法律效力。样式由国家保密行政管理部门统一制作，主要包括以下内容：

（一）单位名称；

（二）法定代表人；

（三）注册地址；

（四）证书编号；

（五）资质等级；

（六）业务种类；

（七）发证机关；

（八）有效期和发证日期。

第二十八条 《资质证书》有效期满，需要继续从事涉密集成业务的，应当在有效期届满三个月前向保密行政管理部门提出延续申请，保密行政管理部门应当按照本办法有关规定开展审查，申请单位未按规定期限提出延续申请的，视为重新申请。

有效期届满且未准予延续前，不得签订新的涉密集成业务合同。对于已经签订合同但未完成的涉密业务，在确保安全保密的条件下可以继续完成。

第二十九条 省级保密行政管理部门应当将许可的乙级资质单位报国家保密行政管理部门备案。

准予行政许可和注销、吊销、撤销以及暂停资质的决定，由作出决定的保密行政管理部门在一定范围内予以发布。

第四章 监督与管理

第三十条 省级以上保密行政管理部门应当加强对下一级保密行政管理部门以及协助开展审查工作的专门机构的监督检查，及时纠正资质管理中的违法违规行为。

第三十一条 保密行政管理部门应当开展“双随机”抽查、飞行检查等形式的保密检查，对资质单位从事涉密集成业务和保密管理情况进行监督。

第三十二条 机关、单位委托资质单位从事涉密集成业务，应当查验其《资质证书》，签订保密协议，提出保密要求，采取保密措施，加强涉密业务实施现场的监督检查。

第三十三条 资质单位与其他单位合作开展涉密集成业务的，合作单位应当具有相应的涉密集成资质且取得委托方书面同意。

资质单位不得将涉密集成业务分包或者转包给无相应涉密资质的单位。

第三十四条 资质单位承接涉密集成业务的，应当在签订合同后三十日内，向业务所在地省级保密行政管理部门备案，接受保密监督管理。

第三十五条 乙级资质单位拟在注册地的省级行政区域外承接涉密集成业务的，应当向业务所在地的省级保密行政管理部门备案，接受保密监督管理。

第三十六条 资质单位实行年度自检制度，应当于每年 3 月 31 日前向作出准予行政许可决定的保密行政管理部门报送上一年度自检报告。

第三十七条 资质单位下列事项发生变更的，应当在变更前向保密行政管理部门书面报告：

（一）注册资本或者股权结构；

（二）控股股东或者实际控制人；

（三）单位性质或者隶属关系；

（四）用于涉密集成业务的场所。

保密行政管理部门应当对资质单位变更事项进行书面审查。通过审查的，资质单位应当按照审定事项实施变更，并在变更完成后十日内提交情况报告。

拟公开上市的，应当资质剥离后重新申请；对影响或者可能影响国家安全的外商投资，应当按照外商投资安全审查制度进行安全审查。

资质单位发生控股股东或者实际控制人、单位性质或者隶属关系、用于涉密集成业务的场所等事项变更的，保密行政管理部门应当组织现场审查。

第三十八条 资质单位下列事项发生变更的，应当在变更后十日内向保密行政管理部门书面报告：

（一）单位名称；

（二）注册地址或者经营地址；

（三）经营范围；

（四）法定代表人、董（监）事会人员或者高级管理人员。

资质单位变更完成需换发《资质证书》的，由保密行政管理部门审核后重新颁发。

第三十九条 保密行政管理部门在现场审查、保密检查过程中，发现申请单位或者资质单位存在涉嫌泄露国家秘密的案件线索，应当根据工作需要，按照泄密案件管辖权限，经保密行政管理部门负责人批准，由具备执法资格的人员对有关设施、设备、载体等采取登记保存措施，依法开展调查工作。

保密行政管理部门调查结束后，认定申请单位或者资质单位存在违反保密法律法规事实的，违法行为发生地的保密行政管理部门应当按照本办法作出处理，并将违法事实、处理结果抄告受理申请或者准予行政许可的保密行政管理部门。

第四十条 有下列情形之一的，作出准予行政许可决定的保密行政管理部门或者其上级保密行政管理部门，依据职权可以撤销行政许可：

（一）保密行政管理部门滥用职权、玩忽职守作出准予行政许可决定的；

（二）超越法定职权作出准予行政许可决定的；

（三）违反法定程序作出准予行政许可决定的；

（四）对不具备申请资格或者不符合法定条件的申请单位准予行政许可的；

（五）依法可以撤销行政许可的其他情形。

资质单位采取欺骗、贿赂等不正当手段取得资质的，保密行政管理部门应当撤销其资质，停止其涉密业务。自撤销之日起，三年内不得再次申请。

第四十一条 资质单位具有下列情形之一的，作出准予行政许可决定的保密行政管理部门应当注销其资质：

（一）《资质证书》有效期届满未延续的；

（二）法人资格依法终止的；

（三）主动申请注销资质的；

（四）行政许可依法被撤销、撤回，或者行政许可证件依法被吊销的；

（五）因不可抗力导致行政许可事项无法实施的；

（六）法律、行政法规规定的应当注销资质的其他情形。

第四十二条 申请单位或者资质单位对保密行政管理部门作出的决定不服的，可以依法申请行政复议或者提起行政诉讼。

第五章 法律责任

第四十三条 资质单位违反本办法的，依照本办法有关规定处理；构成犯罪的，依法追究刑事责任。

第四十四条 资质单位具有下列情形之一的，保密行政管理部门应当责令其在二十日内完成整改，逾期不改或者整改后仍不符合要求的，应当给予六个月以上十二个月以下暂停资质的处罚：

（一）未经委托方书面同意，擅自与其他涉密集成资质单位合作开展涉密集成业务的；

（二）超出行政许可的业务种类范围承接涉密集成业务的；

（三）发生需要报告的事项，未及时报告的；

（四）承接涉密集成业务，未按规定备案的；

（五）未按本办法提交年度自检报告的；

（六）不符合其他保密管理规定，存在泄密隐患的。

第四十五条 资质单位不再符合申请条件，或者具有下列情形之一的，保密行政管理部门应当吊销其资质，停止其涉密业务：

（一）涂改、出卖、出租、出借《资质证书》，或者以其他方式伪造、非法转让《资质证书》的；

（二）将涉密集成业务分包或者转包给无相应涉密资质单位的；

（三）发现国家秘密已经泄露或者可能泄露，未按法定时限报告的；

（四）拒绝接受保密检查的；

（五）资质暂停期间，承接新的涉密集成业务的；

（六）资质暂停期满，仍不符合保密管理规定的；

（七）发生泄密案件的；

（八）其他违反保密法律法规的行为。

第四十六条 申请单位隐瞒有关情况或者提供虚假材料的，保密行政管理部门应当作出不予受理或者不予行政许可的决定。自不予受理或者不予行政许可之日起，一年内不得再次申请。

第四十七条 未经保密行政管理部门许可的单位从事涉密集成业务的，由保密行政管理部门责令停止违法行为，非法获取、持有的国家秘密载体，应当予以收缴；有违法所得的，由市场监督管理部门没收违法所得；构成犯罪的，依法追究刑事责任。

第四十八条 机关、单位委托未经保密行政管理部门许可的单位从事涉密集成业务的，应当由有关机关、单位对直接负责的主管人员和其他直接责任人员依法给予处分；构成犯罪的，依法追究刑事责任。

第四十九条 保密行政管理部门及其工作人员未依法履行职责，或者滥用职权、玩忽职守、徇私舞弊的，对直接负责的主管人员和其他直接责任人员依法给予政务处分；构成犯罪的，依法追究刑事责任。

第六章 附 则

第五十条 机关、单位自行开展涉密信息系统集成业务，可以由本机关、单位内部信息化工作机构承担，接受同级保密行政管理部门监督指导。

第五十一条 申请单位资本结构包含香港特别行政区、澳门特别行政区、台湾地区投资者以及定居在国外中国公民投资者的，参照本办法管理。国家另有规定的，从其规定。

第五十二条 本办法规定的实施行政许可的期限以工作日计算，不含法定节假日。

第五十三条 本办法由国家保密局负责解释。

第五十四条 本办法自2021年3月1日起施行。国家保密局发布的《涉密信息系统集成资质管理办法》（国保发〔2013〕7号，国保发〔2019〕13号修订）同时废止。

附件：涉密信息系统集成资质具体条件

附件

涉密信息系统集成资质具体条件

一、总体集成

（一）甲级资质

1. 注册资本以货币资金实缴额不少于3000万元人民币。

2. 近3年的信息系统集成收入总金额不少于4亿元人民币，其中至少含有3个不少于1000万元人民币的信息系统集成项目。

3. 从事信息系统集成业务的相关人员不少于200名，且在本单位依法缴纳社保一年以上的人员不少于160名。

4. 省级以上人力资源和社会保障部门或者其授权机构认可的计算机技术与软件（含信息安全）专业相关高级职称或者执业资格的人员不少于6名，其中在本单位依法缴纳社保一年以上的不少于4名。

5. 具有自有产权或者租赁期3年（含）以上的涉密业务场所，使用面积不少于100平方米，实行封闭式管理，周边环境安全可控，且按照国家保密规定和标准配备、使用必要的技术防护设施、设备。

（二）乙级资质

1. 注册资本以货币资金实缴额不少于1000万元人民币。

2. 近3年的信息系统集成收入总金额不少于5000万

元人民币，其中至少含有1个不少于500万元人民币的信息系统集成项目。

3. 从事信息系统集成业务的相关人员不少于80名，且在本单位依法缴纳社保一年以上的人员不少于64名。

4. 省级以上人力资源和社会保障部门或者其授权机构认可的计算机技术与软件（含信息安全）专业相关高级职称或者执业资格的人员不少于2名，其中在本单位依法缴纳社保一年以上的不少于1名。

5. 具有自有产权或者租赁期3年（含）以上的涉密业务场所，使用面积不少于50平方米，实行封闭式管理，周边环境安全可控，且按照国家保密规定和标准配备、使用必要的技术防护设施、设备。

二、系统咨询

（一）甲级资质

1. 注册资本以货币资金实缴额不少于1000万元人民币。

2. 近3年的信息系统咨询收入总金额不少于3000万元人民币，其中至少含有3个投资总值不少于1000万元人民币的系统咨询项目。

3. 从事信息系统咨询业务的相关人员不少于100名，且在本单位依法缴纳社保一年以上的人员不少于80名。

4. 省级以上人力资源和社会保障部门或者其授权机构认可的计算机技术与软件（含信息安全）专业相关高级职称或者执业资格的人员不少于4名，其中在本单位依法缴纳社保一年以上的不少于3名。

5. 具有自有产权或者租赁期3年（含）以上的涉密业务场所，使用面积不少于100平方米，实行封闭式管理，周边环境安全可控，且按照国家保密规定和标准配备、使用必要的技术防护设施、设备。

（二）乙级资质

1. 注册资本以货币资金实缴额不少于300万元人民币。

2. 近3年的信息系统咨询收入总金额不少于400万元人民币，其中至少含有1个投资总值不少于500万元人民币的系统咨询项目。

3. 从事信息系统咨询业务的相关人员不少于20名，且在本单位依法缴纳社保一年以上的人员不少于16名。

4. 省级以上人力资源和社会保障部门或者其授权机构认可的计算机技术与软件（含信息安全）专业相关高级职称或者执业资格的人员不少于2名，其中在本单位依法缴纳社保一年以上的不少于1名。

5. 具有自有产权或者租赁期3年（含）以上的涉密业务场所，使用面积不少于50平方米，实行封闭式管理，周边环境安全可控，且按照国家保密规定和标准配备、使用必要的技术防护设施、设备。

三、软件开发

（一）甲级资质

1. 注册资本以货币资金实缴额不少于3000万元人民币。

2. 近3年的软件开发收入总金额不少于8000万元人民币，其中至少含有1个不少于500万元人民币的软件开发项目。

3. 从事软件开发业务的相关人员不少于200名，且在本单位依法缴纳社保一年以上的人员不少于160名。

4. 省级以上人力资源和社会保障部门或者其授权机构认可的计算机技术与软件（含信息安全）专业相关高级职称或者执业资格的人员不少于6名，其中在本单位依法缴纳社保一年以上的不少于4名。

5. 具有自有产权或者租赁期3年（含）以上的涉密业务场所，使用面积不少于100平方米，实行封闭式管理，周边环境安全可控，且按照国家保密规定和标准配备、使用必要的技术防护设施、设备。

（二）乙级资质

1. 注册资本以货币资金实缴额不少于1000万元人民币。

2. 近3年的软件开发收入总金额不少于1200万元人民币，其中至少含有1个不少于100万元人民币的软件开发项目。

3. 从事软件开发业务的相关人员不少于20名，且在本单位依法缴纳社保一年以上的人员不少于16名。

4. 省级以上人力资源和社会保障部门或者其授权机构认可的计算机技术与软件（含信息安全）专业相关高级职称或者执业资格的人员不少于2名，其中在本单位依法缴纳社保一年以上的不少于1名。

5. 具有自有产权或者租赁期3年（含）以上的涉密业务场所，使用面积不少于50平方米，实行封闭式管理，周边环境安全可控，且按照国家保密规定和标准配备、使用必要的技术防护设施、设备。

四、安防监控

（一）甲级资质

1. 注册资本以货币资金实缴额不少于1000万元人民币。

2. 近3年的安防监控收入总金额不少于3000万元人民币，其中至少含有1个不少于500万元人民币的安防监控项目。

3. 从事安防监控业务的相关人员不少于100名，且在本单位依法缴纳社保一年以上的人员不少于80名。

4. 省级以上人力资源和社会保障部门或者其授权机构认可的计算机技术与软件（含信息安全）相关高级职称或者执业资格的人员不少于3名，其中在本单位依法缴纳社保一年以上的不少于2名。

5. 具有自有产权或者租赁期3年（含）以上的涉密业务场所，使用面积不少于100平方米，实行封闭式管理，周边环境安全可控，且按照国家保密规定和标准配备、使用必要的技术防护设施、设备。

（二）乙级资质

1. 注册资本以货币资金实缴额不少于300万元人民币。

2. 近3年的安防监控收入总金额不少于500万元人民币，其中至少含有1个不少于100万元人民币的安防监控项目。

3. 从事安防监控业务的相关人员不少于20名，且在本单位依法缴纳社保一年以上的人员不少于16名。

4. 省级以上人力资源和社会保障部门或者其授权机构认可的计算机技术与软件（含信息安全）专业相关高级职称或者执业资格的人员不少于2名，其中在本单位依法缴纳社保一年以上的不少于1名。

5. 具有自有产权或者租赁期3年（含）以上的涉密业务场所，使用面积不少于50平方米，实行封闭式管理，周边环境安全可控，且按照国家保密规定和标准配备、使用必要的技术防护设施、设备。

五、屏蔽室建设

（一）甲级资质

1. 注册资本以货币资金实缴额不少于1000万元人民币。

2. 近3年的屏蔽室建设和屏蔽产品销售收入总金额不少于3000万元人民币。

3. 从事屏蔽室建设业务的相关人员不少于50名，且在本单位依法缴纳社保一年以上的人员不少于40名。

4. 省级以上人力资源和社会保障部门或者其授权机构认可的电磁场与微波专业相关高级职称或者执业资格的人员不少于2名，其中在本单位依法缴纳社保一年以上的不少于1名。

5. 具有自有产权或者租赁期3年（含）以上的涉密业务场所，使用面积不少于100平方米，实行封闭式管理，周边环境安全可控，且按照国家保密规定和标准配备、使用必要的技术防护设施、设备。

6. 具有固定加工生产场地和专用设备，具备屏蔽室设计、制造、安装、检测等条件和能力，有自主研发的屏蔽产品。

（二）乙级资质

1. 注册资本以货币资金实缴额不少于300万元人民币。

2. 近3年的屏蔽室建设和屏蔽产品销售收入总金额不少于500万元人民币。

3. 从事屏蔽室建设业务的相关人员不少于20名，且在本单位依法缴纳社保一年以上的人员不少于16名。

4. 省级以上人力资源和社会保障部门或者其授权机构认可的电磁场与微波专业相关高级职称或者执业资格的人员不少于1名，其中在本单位依法缴纳社保一年以上的不少于1名。

5. 具有自有产权或者租赁期3年（含）以上的涉密业务场所，使用面积不少于50平方米，实行封闭式管理，周边环境安全可控，且按照国家保密规定和标准配备、使用必要的技术防护设施、设备。

6. 具备屏蔽室设计、制造、安装、检测等条件和能力。

六、运行维护

（一）甲级资质

1. 注册资本以货币资金实缴额不少于1000万元人民币。

2. 近3年的运行维护收入总金额不少于3000万元人民币，其中至少含有1个不少于100万元人民币的运行维护项目。

3. 从事运行维护业务的相关人员不少于100名，且在本单位依法缴纳社保一年以上的人员不少于80名。

4. 省级以上人力资源和社会保障部门或者其授权机构认可的计算机技术与软件（含信息安全）专业相关高级职称或者执业资格的人员不少于3名，其中在本单位依法缴纳社保一年以上的不少于2名。

5. 具有自有产权或者租赁期3年（含）以上的涉密业务场所，使用面积不少于100平方米，实行封闭式管理，周边环境安全可控，且按照国家保密规定和标准配备、使用必要的技术防护设施、设备。

6. 涉密项目不少于2个且项目收入累计不少于100万元，其中应含有收入不少于50万元的项目1个。

7. 初次申请的，获得涉密信息系统集成资质（总体集成或者软件开发）三年以上，或者获得运行维护乙级资质三年以上。

（二）乙级资质

1. 注册资本以货币资金实缴额不少于300万元人民币。

2. 近3年的运行维护收入总金额不少于500万元人民币，其中至少含有1个不少于50万元人民币的运行维护项目。

3. 从事运行维护业务的相关人员不少于20名，且在本单位依法缴纳社保一年以上的人员不少于16名。

4. 省级以上人力资源和社会保障部门或者其授权机构

认可的计算机技术与软件（含信息安全）专业相关高级职称或者执业资格的人员不少于 2 名，其中在本单位依法缴纳社保一年以上的不少于 1 名。

5. 具有自有产权或者租赁期 3 年（含）以上的涉密业务场所，使用面积不少于 50 平方米，实行封闭式管理，周边环境安全可控，且按照国家保密规定和标准配备、使用必要的技术防护设施、设备。

6. 完成涉密项目不少于 1 个且收入累计不少于 30 万元人民币。

7. 初次申请的，获得涉密信息系统集成资质（总体集成或者软件开发）三年以上。

七、数据恢复

（一）甲级资质

1. 注册资本以货币资金实缴额不少于 500 万元人民币。

2. 近 3 年的数据恢复相关收入总金额不少于 1000 万元人民币。

3. 从事数据恢复业务的相关人员不少于 30 名，且在本单位依法缴纳社保一年以上的人员不少于 24 名。

4. 省级以上人力资源和社会保障部门或者其授权机构认可的计算机技术与软件（含信息安全）专业相关高级职称或者执业资格的人员不少于 3 名，其中在本单位依法缴纳社保一年以上的不少于 2 名。

5. 具有自有产权或者租赁期 3 年（含）以上的涉密业务场所，使用面积不少于 100 平方米，实行封闭式管理，周边环境安全可控，且按照国家保密规定和标准配备、使用必要的技术防护设施、设备。

6. 建有洁净室或者百万级洁净间3间（含）以上，建立完备的常见品牌和类型存储设备备件库。

（二）乙级资质

1. 注册资本以货币资金实缴额不少于300万元人民币。

2. 近3年的数据恢复相关收入总金额不少于300万元人民币。

3. 从事数据恢复业务的相关人员不少于20名，且在本单位依法缴纳社保一年以上的人员不少于16名。

4. 省级以上人力资源和社会保障部门或者其授权机构认可的计算机技术与软件（含信息安全）专业相关高级职称或者执业资格的人员不少于1名，其中在本单位依法缴纳社保一年以上的不少于1名。

5. 具有自有产权或者租赁期3年（含）以上的涉密业务场所，使用面积不少于50平方米，实行封闭式管理，周边环境安全可控，且按照国家保密规定和标准配备、使用必要的技术防护设施、设备。

6. 建有百万级洁净间1间（含）以上，建立常见品牌和类型存储设备备件库。

八、工程监理

（一）甲级资质

1. 注册资本以货币资金实缴额不少于1000万元人民币。

2. 近3年的信息系统工程监理及相关信息技术服务收

入总金额不少于3000万元人民币，其中至少含有3个投资总值不少于1000万元的信息系统工程监理项目。

3. 从事信息系统工程监理业务的相关人员不少于100名，且在本单位依法缴纳社保一年以上的人员不少于80名。

4. 省级以上人力资源和社会保障部门或者其授权机构认可的计算机技术与软件（含信息安全）专业相关高级职称或者执业资格的人员不少于4名，其中在本单位依法缴纳社保一年以上的不少于3名。

5. 具有自有产权或者租赁期3年（含）以上的涉密业务场所，使用面积不少于100平方米，实行封闭式管理，周边环境安全可控，且按照国家保密规定和标准配备、使用必要的技术防护设施、设备。

（二）乙级资质

1. 注册资本以货币资金实缴额不少于300万元人民币。

2. 近3年的信息系统工程监理及相关信息技术服务收入总金额不少于500万元人民币，其中至少含有1个投资总值不少于500万元人民币的信息系统工程监理项目。

3. 从事信息系统工程监理业务的相关人员不少于20名，且在本单位依法缴纳社保一年以上的人员不少于16名。

4. 省级以上人力资源和社会保障部门或者其授权机构认可的计算机技术与软件（含信息安全）专业相关高级职称或者执业资格的人员不少于2名，其中在本单位依法缴纳社保一年以上的不少于1名。

5. 具有自有产权或者租赁期3年（含）以上的涉密业务场所，使用面积不少于50平方米，实行封闭式管理，周边环境安全可控，且按照国家保密规定和标准配备、使用必要的技术防护设施、设备。

泄密案件查处办法

（2017年12月29日国家保密局令2017年第2号公布　自2018年1月1日起施行）

第一章　总　　则

第一条　为保守国家秘密，维护国家安全和利益，规范和加强保密行政管理部门泄密案件查处工作，根据《中华人民共和国保守国家秘密法》（以下简称保密法）及其实施条例等法律法规，制定本办法。

第二条　保密行政管理部门对公民举报、机关和单位报告、保密检查发现、有关部门移送的涉嫌泄露国家秘密的案件线索，依法调查或者组织、督促有关机关、单位调查处理，适用本办法。

第三条　查处泄密案件，应当坚持教育和惩处相结合，以事实为依据，以法律为准绳，做到事实清楚，证据确实、充分，定性准确，程序合法，处理适当。

第四条 本办法所称“泄露国家秘密”是指违反保密法律、法规和规章的下列行为之一：

（一）使国家秘密被不应知悉者知悉的；

（二）使国家秘密超出了限定的接触范围，而不能证明未被不应知悉者知悉的。

第五条 存在下列情形之一的，按泄露国家秘密处理：

（一）属于国家秘密的文件资料或者其他物品下落不明的，自发现之日起，绝密级10日内，机密级、秘密级60日内查无下落的；

（二）未采取符合国家保密规定或者标准的保密措施，在互联网及其他公共信息网络、有线和无线通信中传递国家秘密的；

（三）使用连接互联网或者其他公共信息网络的计算机、移动存储介质等信息设备存储、处理国家秘密，且该信息设备被远程控制的。

第六条 泄密案件查处工作主要包括：

（一）查明所泄露的国家秘密事项的内容与密级；

（二）查明案件事实、主要情节和有关责任人员；

（三）要求有关机关、单位采取必要的补救措施；

（四）根据有关法律、法规和规章等对责任人员提出处理建议，并督促机关、单位作出处理；

（五）针对案件暴露出的问题，督促机关、单位加强和改进保密工作。

第七条 泄密案件查处实行分级办理、各负其责的工作制度。国家保密行政管理部门主管全国的泄密案件查处工作。地方各级保密行政管理部门在上级保密行政管理部门指导下，负责本行政区域的泄密案件查处工作。

有关机关、单位在保密行政管理部门的组织、督促、指导下，对泄密案件进行查处，并采取相应整改补救措施。

第八条 上级保密行政管理部门对下级保密行政管理部门，地方保密行政管理部门对本行政区域内机关、单位泄密案件查处工作进行指导、监督。发现查处不当的，应当及时予以纠正。

第九条 办案人员与案件有利害关系或者其他关系可能影响案件公正处理的，应当自行回避；案件当事人有权要求其回避。

办案人员的回避，由其所属保密行政管理部门决定。保密行政管理部门负责人的回避，由上一级保密行政管理部门决定。

第十条 保密行政管理部门及其办案人员对案件查处工作中获取的国家秘密、工作秘密、商业秘密及个人隐私，应当保密。

第二章 管 辖

第十一条 泄密案件由泄密行为发生地县级以上保密行政管理部门管辖。由有关机关、单位所在地或者案件当事人居住地保密行政管理部门管辖更便于查处工作开展的，可以由有关机关、单位所在地或者案件当事人居住地保密行政管理部门管辖。

移交有关机关、单位所在地或者案件当事人居住地保密行政管理部门管辖的泄密案件，泄密行为发生地保密行政管理部门在移交前应当及时收集证据，并配合开展调查取证工作。

第十二条 国家保密行政管理部门依法调查或者组织、督促查处下列泄密案件：

（一）中央和国家机关发生的；

（二）涉及多个省（自治区、直辖市）的；

（三）全国范围内重大、复杂案件。

第十三条 省（自治区、直辖市）保密行政管理部门依法调查或者组织、督促查处下列泄密案件：

（一）省级机关及省（自治区、直辖市）直属机关发生的；

（二）涉及本行政区域内多个市（地、州、盟）或者部门的；

（三）中央和国家机关设在省（自治区、直辖市）的直属机构发生的；

（四）本辖区内重大、复杂案件。

第十四条 中央和国家机关认为本系统发生泄密案件的有关单位情况特殊，不宜由地方保密行政管理部门查处的，可以向国家保密行政管理部门提交书面材料说明理由，由国家保密行政管理部门决定。

第十五条 对于重大、复杂的泄密案件，上级保密行政管理部门可以指定管辖；具有管辖权的保密行政管理部门由于特殊原因不能调查或者组织、督促查处的，可以报请上一级保密行政管理部门指定管辖；同级保密行政管理部门之间因管辖权发生争议的，应当本着有利于开展查处工作的原则协商解决，必要时报请共同的上级保密行政管理部门指定管辖。

上级保密行政管理部门应当在接到指定管辖申请之日起 7 个工作日内，作出指定管辖决定，并书面通知被指定管辖的保密行政管理部门和其他有关保密行政管理部门。原受理案件的保密行政管理部门收到上级保密行政管理部门书面通知后，应当立即将案卷材料移送被指定管辖的保密行政管理部门，并书面通知有关机关、单位。

第十六条 保密行政管理部门发现案件不属于本部门管辖的，应当自发现之日起 7 个工作日内移送具有管辖权的保密行政管理部门或者其他部门。

接受移送的保密行政管理部门对管辖权有异议的，应当报请上一级保密行政管理部门指定管辖，不得再自行移送。

第三章 证 据

第十七条 可以用于证明案件事实的材料，都是证据。证据包括：

（一）物证；

（二）书证；

（三）证人证言；

（四）案件当事人陈述；

（五）视听资料、电子数据；

（六）保密检查、勘验笔录，技术核查报告；

（七）密级鉴定书。

第十八条 保密行政管理部门在案件调查过程中，应当合法、及时、客观、全面地收集、调取证据材料，并予以审查、核实。

第十九条 收集、调取的物证应当是原物。在原物不便搬运、不易保存，依法应当由有关机关、单位保管、处理或者依法应当返还时，可以拍摄或者制作足以反映原物外形或者内容的照片、录像。物证的照片、录像，经与原物核实无误或者经鉴定证明为真实的，可以作为证据使用。

第二十条 收集、调取的书证应当是原件。在取得原件确有困难时，可以使用副本或者复制件。

书证的副本、复制件，经与原件核实无误的，可以作为证据使用。书证有更改或者更改迹象不能作出合理解释的，或者书证的副本、复制件不能反映书证原件及其内容的，不能作为证据使用。

第二十一条 办案人员应当收集电子数据的原始载体。收集原始载体确有困难时，可以拷贝复制或者进行镜像备份。

第二十二条 书证的副本、复制件，视听资料、电子数据的复制件，物证的照片、录像，应当附原件、原物存放处的文字说明。

第四章 受 理

第二十三条 保密行政管理部门对公民举报、机关和单位报告、保密检查发现、有关部门移送的涉嫌泄露国家秘密的案件线索，应当依法及时受理。

第二十四条 保密行政管理部门受理涉嫌泄露国家秘密的案件线索举报，举报人不愿意公开个人或者单位信息的，应当在受理登记时注明，并为其保密。

保密行政管理部门应当对举报人提供的有关证据材料、物品等进行登记，出具接收清单，并妥善保管；必要时，可以拍照、录音或者录像。

第二十五条 保密行政管理部门受理涉嫌泄露国家秘密的案件线索，应当分别作出处理：

（一）已经或者可能泄露国家秘密的，应当进行初查；

（二）经核实，存在违反保密法律法规行为，但情节显著轻微，没有造成危害后果的，可以责成有关机关、单位对责任人员进行批评教育；

（三）没有泄密事实或者案件线索无法核实的，不予处理。

第二十六条 保密行政管理部门受理涉嫌泄露国家秘密的案件线索，发现需要采取补救措施的，应当立即责令有关机关、单位和人员停止违法行为，采取有效措施，防止泄密范围扩大。

第五章 初查与立案

第二十七条 保密行政管理部门在决定是否立案前，应当对涉嫌泄露国家秘密的案件线索进行初查，了解是否存在泄密事实。初查内容包括：

（一）案件线索涉及人员的主体身份及基本情况；

（二）案件线索所反映的问题是否属实，是否造成国家秘密泄露，是否达到刑事立案标准。

第二十八条 初查结束后，应当形成初查情况报告，内容包括案件线索情况、初查情况和处理建议。

第二十九条 保密行政管理部门应当根据初查情况分别作出处理：

（一）确有泄露国家秘密事实，且已经达到刑事立案标准的，应当移送有关部门查处；

（二）确有泄露国家秘密事实，尚未达到刑事立案标准，且具有管辖权的，应当予以立案，不具有管辖权的，应当移交具有管辖权的保密行政管理部门处理；

（三）确有泄露国家秘密事实，但案件线索内容不全或者有误，通知案件线索移送部门或者举报人、报告人补充，经补充案件线索内容仍不具备查处条件的，暂不予以立案，有关材料存档备查；

（四）未造成国家秘密泄露，但存在违反保密法律法规事实的，应当督促、指导有关机关、单位进行调查处理，必要时保密行政管理部门可以直接调查；

（五）未违反保密法律法规，但存在其他涉嫌违法或者违纪事实的，移交有关职能部门处理；

（六）案件线索反映的情况失实的，不予处理，必要时可以向有关机关、单位和案件当事人说明情况。

第三十条 初查时限为2个月，必要时可以延长1个月。重大、复杂的案件线索，在延长期内仍不能初查完毕的，经保密行政管理部门负责人批准后可以延长。

初查时限自接到案件线索之日算起，至呈报初查情况报告之日止。

第三十一条 经初查应当予以立案的，办案人员应当填报立案表，并附案件线索材料、初查情况报告，报请保密行政管理部门负责人审批。

第三十二条 保密行政管理部门在立案后，应当制作立案通知书，通知有关机关、单位；通知立案可能影响案件查处工作的，可以直接通知其上级主管部门。

第六章 调查与处理

第三十三条 案件立案后，保密行政管理部门应当指派2名以上办案人员进行调查或者指导、督促有关机关、单位进行调查。

对于重大、复杂案件，保密行政管理部门可以组织相关部门成立专案组，开展案件调查。

第三十四条 案件调查内容包括：

（一）案件当事人的基本情况；

（二）案件当事人是否实施违反保密法律法规行为；

（三）实施违反保密法律法规行为的时间、地点、手段、后果以及其他情节；

（四）有无法定从重、从轻、减轻或者免予处理的情形；

（五）与案件有关的其他事实。

第三十五条 保密行政管理部门直接调查、检查时，办案人员不得少于2人，并应当出示证件，表明身份。

第三十六条 机关、单位应当积极配合案件调查工作，提供相关证据。

机关、单位应当对案件当事人出国（境）进行审查，可能影响案件查处的，不得批准其出国（境）。

第三十七条 案件当事人应当自觉接受、配合调查，如实说明情况；不得与同案人或者知情人串通情况，不得对抗调查；不得将案件查处情况告知他人。

第三十八条 办案人员在案件调查过程中可以询问案件当事人、证人或者其他案件关系人，并制作询问笔录。询问应当个别进行。

第三十九条 询问内容应当包括：

（一）被询问人的基本情况；

（二）被询问人与案件当事人或者与案件的联系；

（三）证明案件当事人是否负有责任以及责任轻重的事实；

（四）所证明的事实发生的原因、时间、地点、手段、情节等；

（五）其他与案件有关的内容。

第四十条 询问笔录应当采取问答式，如实对办案人员的提问和被询问人的回答进行记录。记录被询问人的陈述应当详细具体，忠于原意。对于被询问人声明记忆不清的情节，笔录中应当如实反映。

询问笔录应当交被询问人核对，对没有阅读能力的，应当向其宣读。记录有误或者遗漏的，应当允许被询问人更正或者补充。被询问人确认笔录无误后，应当在询问笔录上逐页签名。拒绝签名的，询问人员应当在询问笔录中注明。

询问时，可以全程录音、录像，并保持录音、录像资料的完整性。

第四十一条 案件当事人、证人或者其他案件关系人请求自行提供书面材料的，应当准许。必要时，办案人员也可以要求案件当事人、证人或者其他案件关系人自行书写。

案件当事人、证人或者其他案件关系人应当在其提供的书面材料结尾处签名。打印的书面材料应当逐页签名。

办案人员收到书面材料后，应当在首页注明收到日期，并签名。

第四十二条 询问案件当事人时，办案人员应当听取案件当事人的陈述和申辩。对其陈述和申辩，应当进行核查。

第四十三条 办案人员在案件调查过程中可以查阅、复制与案件有关的文件资料、会议记录、工作笔记等材料，查阅、了解案件当事人的身份信息、现实表现情况等信息，有关机关、单位和个人应当予以配合。

第四十四条 办案人员在案件调查过程中可以对与泄密案件有关的场所、物品进行检查。检查时，被检查人或者见证人应当在场。

办案人员可以根据检查情况制作检查笔录。检查笔录由办案人员、被检查人或者见证人签名；被检查人或者见证人不在场、拒绝签名的，办案人员应当在检查笔录中注明。

第四十五条 在案件调查过程中对国家秘密载体或者相关设施、设备、文件资料等登记保存，依照《中华人民共和国行政强制法》相关规定进行。办案人员应当会同持有人或者见证人查点清楚，当场开列登记保存清单一式二份，写明登记保存对象的名称、规格、数量、特征、登记保存地点等，由办案人员和持有人或者见证人签名后，各执一份。

对于登记保存在有关机关、单位的设施、设备，应当采取足以防止有关证据灭失或者转移的措施。

第四十六条 对涉及计算机、移动存储介质等信息设备的泄密案件，保密行政管理部门可以组织或者委托具有技术核查取证职能的部门或者单位进行技术核查取证。

第四十七条 案件调查过程中，需要对有关事项是否属于国家秘密以及属于何种密级进行鉴定的，应当及时提请具有密级鉴定权的保密行政管理部门鉴定。

第四十八条 案件调查过程中，保密行政管理部门发现有关机关、单位存在泄密隐患的，应当立即要求其采取措施，限期整改；对存在泄密隐患的设施、设备、场所，依法责令停止使用。

第四十九条 经调查，证据不足无法认定存在泄密事实的，经保密行政管理部门负责人批准，应当作出撤销案件的决定。撤销案件的决定应当及时书面通知有关机关、单位。

第五十条 经调查，保密行政管理部门认为案件当事人实施的违反保密法律法规行为涉嫌构成犯罪的，应当连同案件材料及时移送有关部门查处。

第五十一条 调查结束后，保密行政管理部门认为存在泄密事实，需要追究责任的，应当向有关机关、单位提出人员处理建议。有关机关、单位应当及时将处理结果书面告知同级保密行政管理部门。

有关机关、单位对责任人员不依法给予处分的，保密行政管理部门应当依法建议纠正。对拒不纠正的，保密行政管理部门应当依法提请其上一级机关或者监察机关对该机关、单位负有责任的领导人员和直接责任人员依法予以处理。

第五十二条 保密行政管理部门应当针对案件暴露出的问题，督促有关机关、单位采取整改措施，加强和改进保密工作。

机关、单位应当在规定时限内将整改情况书面报送保密行政管理部门。保密行政管理部门可以对机关、单位的整改情况进行复查。

第七章 结 案

第五十三条 泄密案件调查终结应当具备下列条件：

（一）泄露国家秘密的事实已经调查清楚；

（二）已经采取必要的补救措施；

（三）已经对案件相关责任人员作出处理，或者移送有关部门查处；

（四）有关机关、单位已经采取整改措施。

第五十四条 办案人员在案件调查处理工作完成后，应当提交结案报告，经立案的保密行政管理部门负责人批准后结案。结案报告应当包括以下内容：

（一）泄密案件的发生、发现经过；

（二）案件涉及国家秘密的密级、数量、载体形式以及概要内容；

（三）泄密案件已经或者可能造成的危害；

（四）案件发生的主要原因；

（五）已经采取的补救措施；

（六）责任人员处理情况；

（七）有关机关、单位整改情况；

（八）其他需要说明的情况。

第五十五条 泄密案件查处时限为3个月，自立案之日起3个月未能查结的，经查处泄密案件的保密行政管理部门负责人批准可延长1个月。

在延长期内仍不能查结的，查处泄密案件的保密行政管理部门应当向上一级保密行政管理部门说明原因，逾期未说明原因或者理由不充分的，上一级保密行政管理部门应当予以检查、督促。

第八章　配合机制

第五十六条 省（自治区、直辖市）保密行政管理部门与中央和国家机关保密工作机构在泄密案件查处工作中应当相互配合。

设区的市、自治州一级及以下地方保密行政管理部门需要中央和国家机关保密工作机构配合工作的，应当报请所属省（自治区、直辖市）保密行政管理部门协调。

第五十七条 保密行政管理部门应当加强与同级纪检监察、网信、审判、检察、公安、国家安全等机关的协调配合，建立健全协调配合机制，共同做好泄密案件查处工作。

第五十八条 在泄密案件查处工作中需要军地双方配合的，军队相应保密工作部门和地方保密行政管理部门可以直接联系，相互之间应当支持配合。

第九章 法律责任

第五十九条 在泄密案件查处工作中，有关机关、单位及其工作人员拒不配合，弄虚作假，隐匿、销毁证据，以其他方式逃避、妨碍案件查处的，对直接负责的主管人员和其他直接责任人员依法给予处分。

企事业单位及其工作人员协助机关、单位逃避、妨碍案件查处的，由有关主管部门依法予以处罚。

第六十条 保密行政管理部门办理泄密案件，未依法履行职责，或者滥用职权、玩忽职守、徇私舞弊的，对直接负责的主管人员和其他直接责任人员依法给予处分；构成犯罪的，依法追究刑事责任。

第十章 附 则

第六十一条 机关、单位工作人员实施保密法第四十八条规定的其他违法行为，保密行政管理部门可以参照本办法调查或者组织、督促机关、单位调查处理。

第六十二条 执行本办法所需要的文书式样，由国家保密行政管理部门统一制定。国家保密行政管理部门没有制定式样，执法工作中需要的其他文书，省（自治区、直辖市）保密行政管理部门可以自行制定式样。

第六十三条 本办法由国家保密局负责解释。

第六十四条 本办法自 2018 年 1 月 1 日起施行。国家保密局 1992 年 11 月 20 日印发的《泄密事件查处办法（试行）》同时废止。

保密事项范围制定、修订和使用办法

（2017 年 3 月 9 日国家保密局令 2017 年第 1 号公布　自 2017 年 4 月 1 日起施行）

第一章　总　　则

第一条 为规范国家秘密及其密级的具体范围（以下简称保密事项范围）的制定、修订和使用工作，根据《中华人民共和国保守国家秘密法》（以下简称保密法）及其实施条例，制定本办法。

第二条 保密事项范围由国家保密行政管理部门分别会同外交、公安、国家安全和其他中央有关机关制定、修订。

第三条 制定、修订保密事项范围应当从维护国家安全和利益出发，适应经济社会发展要求，以保密法确定的国家秘密基本范围为遵循，区分不同行业、领域，科学准确划定。

第四条 国家机关和涉及国家秘密的单位（以下简称机关、单位）应当严格依据保密事项范围，规范准确定密，不得比照类推、擅自扩大或者缩小国家秘密事项范围。

第五条 国家保密行政管理部门负责对保密事项范围制定、修订和使用工作进行指导监督。中央有关机关负责组织制定、修订本行业、本领域保密事项范围，并对使用工作进行指导监督。地方各级保密行政管理部门负责对本行政区域内机关、单位使用保密事项范围工作进行指导监督。

第二章 保密事项范围的形式、内容

第六条 保密事项范围名称为“××工作国家秘密范围的规定”，包括正文和目录。

第七条 正文应当以条款形式规定保密事项范围的制定依据，本行业、本领域国家秘密的基本范围，与其他保密事项范围的关系，解释机关和施行日期等内容。

第八条 目录作为规定的附件，名称为“××工作国家秘密目录”，应当以表格形式列明国家秘密具体事项及其密级、保密期限（解密时间或者解密条件）、产生层级、知悉范围等内容。

第九条 目录规定的国家秘密事项的密级应当为确定的密级。除解密时间和解密条件外，目录规定的保密期限应当为最长保密期限。国家秘密事项的产生层级能够明确的，知悉范围能够限定到机关、单位或者具体岗位的，目录应当作出列举。

对专业性强、弹性较大的条目或者名词，目录应当以备注形式作出说明。

第十条 保密事项范围内容属于国家秘密的，应当根据保密法有关规定确定密级和保密期限。

未经保密事项范围制定机关同意，机关、单位不得擅自公开或者对外提供保密事项范围。

第三章 保密事项范围的制定、修订程序

第十一条 有下列情形的，中央有关机关应当与国家保密行政管理部门会商，组织制定或者修订保密事项范围：

（一）主管行业、领域经常产生国家秘密、尚未制定保密事项范围的；

（二）保密事项范围内容已不适应实际工作需要的；

（三）保密事项范围内容与法律法规规定不相符合的；

（四）因机构改革或者调整，影响保密事项范围适用的；

（五）其他应当制定或者修订的情形。

其他机关、单位认为有上述情形，需要制定、修订保

密事项范围的，可以向国家保密行政管理部门或者中央有关机关提出建议。

第十二条 保密事项范围由主管相关行业、领域工作的中央有关机关负责起草；涉及多个部门或者行业、领域的，由承担主要职能的中央有关机关牵头负责起草；不得委托社会中介机构及其他社会组织或者个人起草。

国家保密行政管理部门、中央有关机关应当定期对起草工作进行研究会商。

第十三条 中央有关机关起草保密事项范围，应当进行调查研究，总结梳理本行业、本领域国家秘密事项，广泛征求有关机关、单位和相关领域专家意见。

第十四条 中央有关机关完成起草工作后，应当将保密事项范围送审稿送国家保密行政管理部门审核，同时提交下列材料：

（一）保密事项范围送审稿的说明；

（二）有关机关、单位或者相关领域专家的意见；

（三）其他有关材料，主要包括所在行业、领域国家秘密事项总结梳理情况等。

第十五条 国家保密行政管理部门对保密事项范围送审稿应当从以下方面进行审核：

（一）形式是否符合本办法规定；

（二）所列事项是否符合保密法关于国家秘密的规定；

（三）所列事项是否涵盖所在行业、领域国家秘密；

（四）所列事项是否属于法律法规要求公开或者其他

不得确定为国家秘密的事项；

（五）所列事项表述是否准确、规范并具有可操作性；

（六）是否与其他保密事项范围协调、衔接；

（七）其他需要审核的内容。

国家保密行政管理部门可以组织有关专家对保密事项范围送审稿进行评议，听取意见。

第十六条 国家保密行政管理部门审核认为保密事项范围送审稿需要作出修改的，应当与中央有关机关会商议定；需要进一步征求意见的，应当征求有关机关、单位意见；无需修改的，应当会同中央有关机关形成保密事项范围草案和草案说明，并启动会签程序。

第十七条 保密事项范围应当由国家保密行政管理部门、中央有关机关主要负责人共同签署批准。

第十八条 保密事项范围使用中央有关机关的发文字号印发。印发时，应当严格控制发放范围，并注明能否转发以及转发范围。

第四章 保密事项范围的使用

第十九条 机关、单位定密应当符合保密事项范围目录的规定。

第二十条 机关、单位依据保密事项范围目录定密，应当遵循下列要求：

（一）密级应当严格按照目录的规定确定，不得高于或者低于规定的密级；

（二）保密期限应当在目录规定的最长保密期限内合理确定，不得超出最长保密期限；目录明确规定解密条件或解密时间的，从其规定；

（三）知悉范围应当依据目录的规定，根据工作需要限定到具体人员；不能限定到具体人员的，应当限定到具体单位、部门或者岗位。

第二十一条 机关、单位可以依据本行业、本领域和相关行业、领域保密事项范围目录，整理制定国家秘密事项一览表（细目），详细列举本机关、本单位产生的国家秘密事项的具体内容、密级、保密期限（解密条件或者解密时间）、产生部门或者岗位、知悉人员以及载体形式等。

国家秘密事项一览表（细目），应当经本机关、本单位审定后实施，并报同级保密行政管理部门备案。

第二十二条 机关、单位对符合保密法规定，但保密事项范围正文和目录没有规定的不明确事项，应当按照保密法实施条例第十九条的规定办理。

第二十三条 保密行政管理部门进行密级鉴定，需要适用保密事项范围的，应当以保密事项范围的目录作为依据；直接适用正文的，应当征求制定保密事项范围的中央有关机关意见。

第二十四条 中央有关机关应当加强对本行业、本领域保密事项范围使用的教育培训，确保所在行业、领域准确理解保密事项范围的内容、使用要求。

机关、单位应当将保密事项范围的学习、使用纳入定密培训内容，确保定密责任人和承办人熟悉并准确掌握相关保密事项范围内容，严格依据保密事项范围定密。

第二十五条 保密行政管理部门应当加强对机关、单位使用保密事项范围情况的监督检查，发现保密事项范围使用不当的，应当及时通知机关、单位予以纠正。

第五章 保密事项范围的解释、清理

第二十六条 有下列情形的，中央有关机关应当会同国家保密行政管理部门对保密事项范围作出书面解释：

（一）目录内容需要明确具体含义的；

（二）有关事项在目录中没有规定但符合正文规定情形，需要明确适用条件、适用范围的；

（三）不同保密事项范围对同类事项规定不一致的；

（四）其他需要作出解释的情形。

保密事项范围的解释和保密事项范围具有同等效力。

第二十七条 机关、单位认为保密事项范围存在本办法第二十六条规定情形的，可以建议保密事项范围制定机关作出解释。

第二十八条 保密事项范围的解释参照制定、修订程序作出。除涉及特殊国家秘密事项、需控制知悉范围的，应当按照保密事项范围印发范围发放。

第二十九条 国家保密行政管理部门、中央有关机关应当每五年对保密事项范围及其解释进行一次清理，也可以根据工作需要适时组织清理，并作出继续有效、进行修订、宣布废止等处理；对属于国家秘密的保密事项范围及其解释，应当同时作出是否解密的决定。

第三十条　保密事项范围部分内容宣布废止、失效或者由其他保密事项范围替代的，不影响该保密事项范围其他部分的效力。

第六章　附　　则

第三十一条　本办法施行前制定实施的保密事项范围，没有目录的应当即行清理，清理之前的继续有效，有关事项的保密期限和知悉范围按照保密法有关规定确定。

第三十二条　本办法由国家保密局负责解释。

第三十三条　本办法自2017年4月1日起施行。

国家秘密鉴定工作规定

（2021年7月30日国家保密局令2021年第1号公布　自2021年9月1日起施行）

第一章　总　　则

第一条　为了规范国家秘密鉴定工作，根据《中华人民共和国保守国家秘密法》及其实施条例，制定本规定。

第二条 本规定所称国家秘密鉴定，是指保密行政管理部门对涉嫌泄露国家秘密案件中有关事项是否属于国家秘密以及属于何种密级进行鉴别和认定的活动。

第三条 国家秘密鉴定的申请、受理、办理、复核、监督等，适用本规定。

第四条 国家秘密鉴定应当遵循依法、客观、公正的原则，做到事实清楚、依据充分、程序规范、结论准确。

第五条 办理涉嫌泄露国家秘密案件的纪检监察、侦查、公诉、审判机关（以下统称办案机关）可以申请国家秘密鉴定。

国家保密行政管理部门、省（自治区、直辖市）保密行政管理部门负责国家秘密鉴定。

第六条 国家秘密鉴定应当以保密法律法规、保密事项范围和国家秘密确定、变更、解除文件为依据。

第七条 下列事项不得鉴定为国家秘密：

（一）需要公众广泛知晓或者参与的；

（二）属于工作秘密、商业秘密、个人隐私的；

（三）已经依法公开或者泄露前已经无法控制知悉范围的；

（四）法律、法规或者国家有关规定要求公开的；

（五）其他泄露后对国家安全和利益不会造成损害的。

第二章 申请和受理

第八条 中央一级办案机关申请国家秘密鉴定的，应当向国家保密行政管理部门提出。省级及以下办案机关申请国家秘密鉴定的，应当向所在地省（自治区、直辖市）保密行政管理部门提出。

国家保密行政管理部门可以根据工作需要，对省（自治区、直辖市）保密行政管理部门负责鉴定的重大、疑难、复杂事项直接进行鉴定。

第九条 办案机关申请国家秘密鉴定，应当提交下列材料：

（一）申请国家秘密鉴定的公文；

（二）需要进行国家秘密鉴定的事项（以下简称鉴定事项）及鉴定事项清单；

（三）进行国家秘密鉴定需要掌握的有关情况说明，包括案件基本情况、鉴定事项来源、泄露对象和时间、回避建议等。

第十条 申请国家秘密鉴定的公文应当以办案机关名义作出，说明认为相关事项涉嫌属于国家秘密的理由或者依据。

鉴定事项属于咨询意见、聊天记录、讯（询）问笔录、视听资料、电子数据、物品等的，办案机关应当进行筛查和梳理，明确其中涉嫌属于国家秘密、需要申请鉴定的具体内容。

鉴定事项不属于中文的，办案机关应当同时提供中文译本。保密行政管理部门就办案机关提供的中文译本进行鉴定。

第十一条 国家秘密鉴定申请有下列情形之一的，保密行政管理部门不予受理：

（一）申请机关和申请方式不符合本规定第五条、第八条要求的；

（二）办案机关已就同一鉴定事项申请国家秘密鉴定的；

（三）鉴定事项内容明显属于捏造的，或者无法核实真伪、来源的；

（四）未按本规定第九条、第十条提供材料，或者修改、补充后仍不符合要求的；

（五）其他不符合法律、法规、规章规定的情形。

第十二条 保密行政管理部门应当自收到申请国家秘密鉴定的公文之日起5日内，对相关材料进行审查，作出是否受理的决定，并告知办案机关。

经审查认为办案机关提交的材料存在瑕疵、不完整或者不能满足鉴定需要的，应当通知办案机关予以修改或者补充。审查受理时间自相关材料修改完成或者补齐之日起计算。

经审查决定不予受理的，应当说明理由并退还相关材料。

第十三条 办案机关不服不予受理决定的，可以在接到通知之日起 10 日内，向作出不予受理决定的保密行政管理部门提出书面异议，并按照本规定第九条、第十条规定提供相关材料。

保密行政管理部门应当在 10 日内，对相关材料进行审查，对符合受理条件的，作出受理决定；对不应受理的，书面告知提出异议的机关并退还相关材料。

省级及以下办案机关提出异议后，对省（自治区、直辖市）保密行政管理部门再次作出的不予受理决定仍有异议的，可以向国家保密行政管理部门提出书面异议。国家保密行政管理部门经审查认为确实不应受理的，书面告知提出异议的机关并退还相关材料；对符合受理条件的，应当要求作出不予受理决定的保密行政管理部门受理鉴定申请。

第三章 鉴定程序

第十四条 受理鉴定申请后，保密行政管理部门应当就下列情况向鉴定事项产生单位征求鉴定意见：

（一）鉴定事项是否由其产生，内容是否真实；

（二）鉴定事项是否已经按照法定程序确定、变更、解除国家秘密，及其时间、理由和依据；

（三）鉴定事项是否应当属于国家秘密及何种密级，是否应当变更或者解除国家秘密，及其理由和依据。

第十五条 存在鉴定事项产生单位不明确，涉及多个机关、单位以及行业、领域，或者有关单位鉴定意见不明确、理由和依据不充分等情形的，保密行政管理部门可以向有关业务主管部门或者相关机关、单位征求鉴定意见。

鉴定事项属于执行、办理已经确定的国家秘密事项的，受理鉴定的保密行政管理部门可以根据工作需要，向原定密单位或者有关业务主管部门征求鉴定意见。

第十六条 国家保密行政管理部门受理鉴定后，对属于地方各级机关、单位产生的鉴定事项，可以征求鉴定事项产生地省（自治区、直辖市）保密行政管理部门鉴定意见。

省（自治区、直辖市）保密行政管理部门受理鉴定后，对属于中央和国家机关产生的鉴定事项，应当直接征求该中央和国家机关鉴定意见；对属于其他地方机关、单位产生的鉴定事项，应当征求相关省（自治区、直辖市）保密行政管理部门鉴定意见。

第十七条 保密行政管理部门征求机关、单位鉴定意见的，机关、单位应当予以配合，按照要求及时提出鉴定意见或者提供相关材料。

第十八条 鉴定事项重大、疑难、复杂或者专业性强、涉及专门技术等问题的，保密行政管理部门可以向相关领域专家进行咨询，为作出国家秘密鉴定结论提供参考。

第十九条 对拟鉴定为国家秘密的事项，保密行政管理部门可以根据工作需要，组织有关机关、单位或者专家对其泄露后已经或者可能造成的危害进行评估。

第二十条 国家秘密鉴定结论应当按照保密法律法规和保密事项范围等鉴定依据，在分析研判有关意见基础上，报保密行政管理部门负责人审批后作出。

第二十一条 省（自治区、直辖市）保密行政管理部门对中央和国家机关、其他省（自治区、直辖市）保密行政管理部门答复的鉴定意见有异议的，或者认为本地区产生的绝密级事项鉴定依据不明确、有争议的，报国家保密行政管理部门审核后，作出鉴定结论。

第二十二条 保密行政管理部门作出鉴定结论应当出具国家秘密鉴定书。国家秘密鉴定书应当包括以下内容：

（一）鉴定事项名称或者内容；

（二）鉴定依据和鉴定结论；

（三）其他需要说明的情况；

（四）鉴定机关名称和鉴定日期。

国家秘密鉴定书应当加盖保密行政管理部门印章。

第二十三条 保密行政管理部门应当在受理国家秘密鉴定申请后30日内作出鉴定结论并出具国家秘密鉴定书。因鉴定事项疑难、复杂等不能按期出具国家秘密鉴定书的，经保密行政管理部门负责人批准，可以适当延长工作时限，延长时限最长不超过30日。

保密行政管理部门征求有关机关、单位鉴定意见，进行专家咨询时，应当明确答复期限，一般不超过15日；对鉴定事项数量较多、疑难、复杂等情况的，经双方协商，可以延长15日。

机关、单位提出鉴定意见，专家咨询等时间不计入保密行政管理部门国家秘密鉴定办理期限。

第四章　复　　核

第二十四条　办案机关有明确理由或者证据证明保密行政管理部门作出的鉴定结论可能错误的，可以向国家保密行政管理部门申请复核。

第二十五条　办案机关申请复核的，应当提交申请复核的公文，说明申请复核的内容和理由，按照本规定第九条、第十条要求提供相关材料，并附需要进行复核的国家秘密鉴定书。

第二十六条　国家保密行政管理部门受理复核申请后，应当向作出鉴定结论的保密行政管理部门调阅鉴定档案、了解有关情况，对其鉴定程序是否规范、依据是否明确、理由是否充分、结论是否准确等进行审核，并根据需要征求有关机关、单位鉴定意见，进行专家咨询或者组织开展危害评估。

第二十七条　国家秘密鉴定复核结论应当按照保密法律法规和保密事项范围等鉴定依据，在分析研判原鉴定情况以及有关意见基础上，报国家保密行政管理部门主要负责人审批后作出。

国家保密行政管理部门的复核结论为最终结论。

第二十八条 国家保密行政管理部门作出复核结论应当出具国家秘密鉴定复核决定书。

国家秘密鉴定复核决定书维持原国家秘密鉴定结论的，应当说明依据或者理由；改变原国家秘密鉴定结论的，应当作出最终的鉴定结论并说明依据或者理由。

国家秘密鉴定复核决定书应当以国家保密行政管理部门名义作出，并加盖印章，抄送作出原国家秘密鉴定结论的省（自治区、直辖市）保密行政管理部门。

第二十九条 国家保密行政管理部门应当在受理国家秘密鉴定复核申请后60日内作出复核结论并出具复核决定书。因鉴定事项疑难、复杂等不能按期出具国家秘密鉴定复核决定书的，经国家保密行政管理部门主要负责人批准，可以适当延长工作时限，延长时限最长不超过30日。

征求机关、单位鉴定意见，专家咨询时限按照本规定第二十三条第二、三款办理。

第五章 监督管理

第三十条 国家秘密鉴定工作人员与案件有利害关系或者其他关系可能影响公正鉴定的，应当自行回避；办案机关发现上述情形的，有权申请其回避。国家秘密鉴定工作人员的回避，由其所属保密行政管理部门决定。

机关、单位配合开展国家秘密鉴定工作的人员以及有关专家与案件有利害关系或者其他关系可能影响公正鉴定的，应当回避。

第三十一条 保密行政管理部门向机关、单位征求鉴定意见以及组织专家咨询时，应当对鉴定事项作以下处理：

（一）对涉及不同机关、单位或者行业、领域的内容进行拆分，不向机关、单位或者专家提供与其无关、不应由其知悉的内容；

（二）对涉嫌违法犯罪的责任单位或者责任人姓名等作遮盖、删除处理，不向机关、单位或者专家透露案情以及案件办理情况。

第三十二条 保密行政管理部门及其工作人员，配合开展国家秘密鉴定工作的机关、单位及其工作人员，以及有关专家，应当对国家秘密鉴定工作以及工作中知悉的国家秘密、工作秘密、商业秘密、个人隐私予以保密。

保密行政管理部门在征求鉴定意见、组织专家咨询等过程中，应当向有关机关、单位或者专家明确保密要求，必要时组织签订书面保密承诺。

第三十三条 国家秘密鉴定结论与机关、单位定密情况不一致的，保密行政管理部门应当通知机关、单位予以变更或者纠正；对机关、单位未依法履行定密管理职责、情节严重的，予以通报。

第三十四条 省（自治区、直辖市）保密行政管理部门应当将年度国家秘密鉴定工作情况和作出的国家秘密鉴定结论报国家保密行政管理部门。

第三十五条 保密行政管理部门依法办理国家秘密鉴

定，不受其他机关、单位，社会团体和个人干涉。

保密行政管理部门未依法履行职责，或者滥用职权、玩忽职守、徇私舞弊的，对负有责任的领导人员和直接责任人员依法进行处理；构成犯罪的，依法追究刑事责任。

第三十六条 在国家秘密鉴定工作中，负有配合鉴定义务的机关、单位及其工作人员拒不配合，弄虚作假，故意出具错误鉴定意见，造成严重后果的，对直接负责的主管人员和其他直接责任人员依法进行处理；构成犯罪的，依法追究刑事责任。

第六章 附 则

第三十七条 保密行政管理部门办理涉嫌泄露国家秘密案件时，可以根据工作需要，按照本规定直接进行国家秘密鉴定。

鉴定事项产生单位属于军队或者鉴定事项涉嫌属于军事秘密的，由军队相关军级以上单位保密工作机构进行国家秘密鉴定或者协助提出鉴定意见。

第三十八条 执行本规定所需要的文书式样，由国家保密行政管理部门统一制定。工作中需要的其他文书，国家保密行政管理部门没有制定式样的，省（自治区、直辖市）保密行政管理部门可以自行制定式样。

第三十九条 本规定由国家保密局负责解释。

第四十条 本规定自2021年9月1日起施行。2013年7月15日国家保密局发布的《密级鉴定工作规定》（国保发〔2013〕5号）同时废止。

国家秘密定密管理暂行规定

（2014年3月9日国家保密局令2014年第1号公布 自公布之日起施行）

第一章 总 则

第一条 为加强国家秘密定密管理，规范定密行为，根据《中华人民共和国保守国家秘密法》（以下简称保密法）及其实施条例，制定本规定。

第二条 本规定所称定密，是指国家机关和涉及国家秘密的单位（以下简称机关、单位）依法确定、变更和解除国家秘密的活动。

第三条 机关、单位定密以及定密责任人的确定、定密授权和定密监督等工作，适用本规定。

第四条 机关、单位定密应当坚持最小化、精准化原则，做到权责明确、依据充分、程序规范、及时准确，既确保国家秘密安全，又便利信息资源合理利用。

第五条 机关、单位应当依法开展定密工作，建立健全相关管理制度，定期组织培训和检查，接受保密行政管理部门和上级机关、单位或者业务主管部门的指导和监督。

第二章 定密授权

第六条 中央国家机关、省级机关以及设区的市、自治州一级的机关（以下简称授权机关）可以根据工作需要或者机关、单位申请作出定密授权。

保密行政管理部门应当将授权机关名单在有关范围内公布。

第七条 中央国家机关可以在主管业务工作范围内作出授予绝密级、机密级和秘密级国家秘密定密权的决定。省级机关可以在主管业务工作范围内或者本行政区域内作出授予绝密级、机密级和秘密级国家秘密定密权的决定。设区的市、自治州一级的机关可以在主管业务工作范围内或者本行政区域内作出授予机密级和秘密级国家秘密定密权的决定。

定密授权不得超出授权机关的定密权限。被授权机关、单位不得再行授权。

第八条 授权机关根据工作需要，可以对承担本机关定密权限内的涉密科研、生产或者其他涉密任务的机关、单位，就具体事项作出定密授权。

第九条 没有定密权但经常产生国家秘密事项的机关、单位，或者虽有定密权但经常产生超出其定密权限的国家秘密事项的机关、单位，可以向授权机关申请定密授权。

机关、单位申请定密授权，应当向其上级业务主管部门提出；没有上级业务主管部门的，应当向其上级机关提出。

机关、单位申请定密授权，应当书面说明拟申请的定密权限、事项范围、授权期限以及申请依据和理由。

第十条 授权机关收到定密授权申请后，应当依照保密法律法规和国家秘密及其密级的具体范围（以下简称保密事项范围）进行审查。对符合授权条件的，应当作出定密授权决定；对不符合授权条件的，应当作出不予授权的决定。

定密授权决定应当以书面形式作出，明确被授权机关、单位的名称和具体定密权限、事项范围、授权期限。

第十一条 授权机关应当对被授权机关、单位行使所授定密权情况进行监督，对发现的问题及时纠正。

保密行政管理部门发现定密授权不当或者被授权机关、单位对所授定密权行使不当的，应当通知有关机关、单位纠正。

第十二条 被授权机关、单位不再经常产生授权范围内的国家秘密事项，或者因保密事项范围调整授权事项不再作为国家秘密的，授权机关应当及时撤销定密授权。

因保密事项范围调整授权事项密级发生变化的，授权机关应当重新作出定密授权。

第十三条 中央国家机关、省级机关作出的授权决定和撤销授权决定，报国家保密行政管理部门备案。设区的市、自治州一级的机关作出的授权决定和撤销授权决定，报省、自治区、直辖市保密行政管理部门备案。

机关、单位收到定密授权决定或者撤销定密授权决定后，应当报同级保密行政管理部门备案。

第三章 定密责任人

第十四条 机关、单位负责人为本机关、本单位的定密责任人，对定密工作负总责。

根据工作需要，机关、单位负责人可以指定本机关、本单位其他负责人、内设机构负责人或者其他工作人员为定密责任人，并明确相应的定密权限。

机关、单位指定的定密责任人应当熟悉涉密业务工作，符合在涉密岗位工作的基本条件。

第十五条 机关、单位应当在本机关、本单位内部公布定密责任人名单及其定密权限，并报同级保密行政管理部门备案。

第十六条 机关、单位定密责任人和承办人应当接受定密培训，熟悉定密职责和保密事项范围，掌握定密程序和方法。

第十七条 机关、单位负责人发现其指定的定密责任人未依法履行定密职责的，应当及时纠正；有下列情形之一的，应当作出调整：

（一）定密不当，情节严重的；

（二）因离岗离职无法继续履行定密职责的；

（三）保密行政管理部门建议调整的；

（四）因其他原因不宜从事定密工作的。

第四章　国家秘密确定

第十八条　机关、单位确定国家秘密应当依据保密事项范围进行。保密事项范围没有明确规定但属于保密法第九条、第十条规定情形的，应当确定为国家秘密。

第十九条　下列事项不得确定为国家秘密：

（一）需要社会公众广泛知晓或者参与的；

（二）属于工作秘密、商业秘密、个人隐私的；

（三）已经依法公开或者无法控制知悉范围的；

（四）法律、法规或者国家有关规定要求公开的。

第二十条　机关、单位对所产生的国家秘密事项有定密权的，应当依法确定密级、保密期限和知悉范围。没有定密权的，应当先行采取保密措施，并立即报请有定密权的上级机关、单位确定；没有上级机关、单位的，应当立即提请有相应定密权限的业务主管部门或者保密行政管理部门确定。

机关、单位执行上级机关、单位或者办理其他机关、单位已定密事项所产生的国家秘密事项，根据所执行或者办理的国家秘密事项确定密级、保密期限和知悉范围。

第二十一条 机关、单位确定国家秘密，应当依照法定程序进行并作出书面记录，注明承办人、定密责任人和定密依据。

第二十二条 国家秘密具体的保密期限一般应当以日、月或者年计；不能确定具体的保密期限的，应当确定解密时间或者解密条件。国家秘密的解密条件应当明确、具体、合法。

除保密事项范围有明确规定外，国家秘密的保密期限不得确定为长期。

第二十三条 国家秘密的知悉范围应当在国家秘密载体上标明。不能标明的，应当书面通知知悉范围内的机关、单位或者人员。

第二十四条 国家秘密一经确定，应当同时在国家秘密载体上作出国家秘密标志。国家秘密标志形式为“密级★保密期限”、“密级★解密时间”或者“密级★解密条件”。

在纸介质和电子文件国家秘密载体上作出国家秘密标志的，应当符合有关国家标准。没有国家标准的，应当标注在封面左上角或者标题下方的显著位置。光介质、电磁介质等国家秘密载体和属于国家秘密的设备、产品的国家秘密标志，应当标注在壳体及封面、外包装的显著位置。

国家秘密标志应当与载体不可分离，明显并易于识别。

无法作出或者不宜作出国家秘密标志的，确定该国家秘密的机关、单位应当书面通知知悉范围内的机关、单位或者人员。凡未标明保密期限或者解密条件，且未作书面通知的国家秘密事项，其保密期限按照绝密级事项三十年、机密级事项二十年、秘密级事项十年执行。

第二十五条 两个以上机关、单位共同产生的国家秘密事项，由主办该事项的机关、单位征求协办机关、单位意见后确定。

临时性工作机构的定密工作，由承担该机构日常工作的机关、单位负责。

第五章 国家秘密变更

第二十六条 有下列情形之一的，机关、单位应当对所确定国家秘密事项的密级、保密期限或者知悉范围及时作出变更：

（一）定密时所依据的法律法规或者保密事项范围发生变化的；

（二）泄露后对国家安全和利益的损害程度发生明显变化的。

必要时，上级机关、单位或者业务主管部门可以直接变更下级机关、单位确定的国家秘密事项的密级、保密期限或者知悉范围。

第二十七条 机关、单位认为需要延长所确定国家秘密事项保密期限的，应当在保密期限届满前作出决定；延长保密期限使累计保密期限超过保密事项范围规定的，应当报规定该保密事项范围的中央有关机关批准，中央有关机关应当在接到报告后三十日内作出决定。

第二十八条 国家秘密知悉范围内的机关、单位，其有关工作人员不在知悉范围内，但因工作需要知悉国家秘密的，应当经机关、单位负责人批准。

国家秘密知悉范围以外的机关、单位及其人员，因工作需要知悉国家秘密的，应当经原定密机关、单位同意。

原定密机关、单位对扩大知悉范围有明确规定的，应当遵守其规定。

扩大国家秘密知悉范围应当作出详细记录。

第二十九条 国家秘密变更按照国家秘密确定程序进行并作出书面记录。

国家秘密变更后，原定密机关、单位应当及时在原国家秘密标志附近重新作出国家秘密标志。

第三十条 机关、单位变更国家秘密的密级、保密期限或者知悉范围的，应当书面通知知悉范围内的机关、单位或者人员。有关机关、单位或者人员接到通知后，应当在国家秘密标志附近标明变更后的密级、保密期限和知悉范围。

延长保密期限的书面通知，应当于原定保密期限届满前送达知悉范围内的机关、单位或者人员。

第六章　国家秘密解除

第三十一条　机关、单位应当每年对所确定的国家秘密进行审核，有下列情形之一的，及时解密：

（一）保密法律法规或者保密事项范围调整后，不再属于国家秘密的；

（二）公开后不会损害国家安全和利益，不需要继续保密的。

机关、单位经解密审核，对本机关、本单位或者下级机关、单位尚在保密期限内的国家秘密事项决定公开的，正式公布即视为解密。

第三十二条　国家秘密的具体保密期限已满、解密时间已到或者符合解密条件的，自行解密。

第三十三条　保密事项范围明确规定保密期限为长期的国家秘密事项，机关、单位不得擅自解密；确需解密的，应当报规定该保密事项范围的中央有关机关批准，中央有关机关应当在接到报告后三十日内作出决定。

第三十四条　除自行解密的外，国家秘密解除应当按照国家秘密确定程序进行并作出书面记录。

国家秘密解除后，有关机关、单位或者人员应当及时在原国家秘密标志附近作出解密标志。

第三十五条　除自行解密和正式公布的外，机关、单位解除国家秘密，应当书面通知知悉范围内的机关、单位或者人员。

第三十六条 机关、单位对所产生的国家秘密事项，解密之后需要公开的，应当依照信息公开程序进行保密审查。

机关、单位对已解密的不属于本机关、本单位产生的国家秘密事项，需要公开的，应当经原定密机关、单位同意。

机关、单位公开已解密的文件资料，不得保留国家秘密标志。对国家秘密标志以及属于敏感信息的内容，应当作删除、遮盖等处理。

第三十七条 机关、单位对拟移交各级国家档案馆的尚在保密期限内的国家秘密档案，应当进行解密审核，对本机关、本单位产生的符合解密条件的档案，应当予以解密。

已依法移交各级国家档案馆的属于国家秘密的档案，其解密办法由国家保密行政管理部门会同国家档案行政管理部门另行制定。

第七章 定密监督

第三十八条 机关、单位应当定期对本机关、本单位定密以及定密责任人履行职责、定密授权等定密制度落实情况进行检查，对发现的问题及时纠正。

第三十九条 机关、单位应当向同级保密行政管理部门报告本机关、本单位年度国家秘密事项统计情况。

下一级保密行政管理部门应当向上一级保密行政管理部门报告本行政区域年度定密工作情况。

第四十条 中央国家机关应当依法对本系统、本行业的定密工作进行指导和监督。

上级机关、单位或者业务主管部门发现下级机关、单位定密不当的，应当及时通知其纠正，也可以直接作出确定、变更或者解除的决定。

第四十一条 保密行政管理部门应当依法对机关、单位定密工作进行指导、监督和检查，对发现的问题及时纠正或者责令整改。

第八章 法律责任

第四十二条 定密责任人和承办人违反本规定，有下列行为之一的，机关、单位应当及时纠正并进行批评教育；造成严重后果的，依纪依法给予处分：

（一）应当确定国家秘密而未确定的；

（二）不应当确定国家秘密而确定的；

（三）超出定密权限定密的；

（四）未按照法定程序定密的；

（五）未按规定标注国家秘密标志的；

（六）未按规定变更国家秘密的密级、保密期限、知悉范围的；

（七）未按要求开展解密审核的；

（八）不应当解除国家秘密而解除的；

（九）应当解除国家秘密而未解除的；

（十）违反本规定的其他行为。

第四十三条 机关、单位未依法履行定密管理职责，导致定密工作不能正常进行的，应当给予通报批评；造成严重后果的，应当依法追究直接负责的主管人员和其他直接责任人员的责任。

第九章 附 则

第四十四条 本规定下列用语的含义：

（一）“中央国家机关”包括中国共产党中央机关及部门、各民主党派中央机关、全国人大机关、全国政协机关、最高人民法院、最高人民检察院，国务院及其组成部门、直属特设机构、直属机构、办事机构、直属事业单位、部委管理国家局，以及中央机构编制管理部门直接管理机构编制的群众团体机关；

（二）“省级机关”包括省（自治区、直辖市）党委、人大、政府、政协机关，以及人民法院、人民检察院；

（三）“设区的市和自治州一级的机关”包括地（市、州、盟、区）党委、人大、政府、政协机关，以及人民法院、人民检察院，省（自治区、直辖市）直属机关和人民团体，中央国家机关设在省（自治区、直辖市）的直属机构，省（自治区、直辖市）在地区、盟设立的派出机构；

（四）第九条所指“经常”，是指近三年来年均产生六件以上国家秘密事项的情形。

第四十五条 各地区各部门可以依据本规定，制定本地区本部门国家秘密定密管理的具体办法。

第四十六条 公安、国家安全机关定密授权和定密责任人确定的具体办法，由国家保密行政管理部门会同国务院公安、国家安全部门另行制定。

第四十七条 本规定自公布之日起施行。1990 年 9 月 19 日国家保密局令第 2 号发布的《国家秘密保密期限的规定》和 1990 年 10 月 6 日国家保密局、国家技术监督局令第 3 号发布的《国家秘密文件、资料和其他物品标志的规定》同时废止。

派生国家秘密定密管理暂行办法

（2023 年 2 月 27 日印发　自 2023 年 4 月 1 日起施行）

第一条 为规范派生国家秘密定密（以下简称派生定密）管理，根据《中华人民共和国保守国家秘密法》及其实施条例，制定本办法。

第二条 本办法适用于国家机关和涉及国家秘密的单

位（以下简称机关、单位）开展派生定密的工作。

第三条 本办法所称派生定密，是指机关、单位对执行或者办理已定密事项所产生的国家秘密，依法确定、变更和解除的活动。

第四条 本办法所称保密要点（以下简称密点），是指决定一个事项具备国家秘密本质属性的关键内容，可以与非国家秘密以及其他密点明确区分。

第五条 机关、单位开展派生定密，不受定密权限限制。无法定定密权的机关、单位可以因执行或者办理已定密事项，派生国家秘密。具有较低定密权的机关、单位可以因执行或者办理较高密级的已定密事项，派生超出本机关、单位定密权限的国家秘密。

第六条 机关、单位负责人及其指定的人员为本机关、本单位的派生定密责任人，履行派生国家秘密确定、变更和解除的责任。

第七条 机关、单位因执行或者办理已定密事项而产生的事项（以下简称派生事项），符合下列情形之一的，应当确定为国家秘密：

（一）与已定密事项完全一致的；

（二）涉及已定密事项密点的；

（三）是对已定密事项进行概括总结、编辑整合、具体细化的；

（四）原定密机关、单位对使用已定密事项有明确定密要求的。

第八条 派生国家秘密的密级应当与已定密事项密级保持一致。已定密事项明确密点及其密级的，应当与所涉及密点的最高密级保持一致。

第九条 派生国家秘密的保密期限应当按照已定密事项的保密期限确定，或者与所涉及密点的最长保密期限保持一致。已定密事项未明确保密期限的，可以征求原定密机关、单位意见后确定并作出标注，或者按照保密法规定的最长保密期限执行。

第十条 派生国家秘密的知悉范围，应当根据工作需要确定，经本机关、本单位负责人批准。能够限定到具体人员的，限定到具体人员。

原定密机关、单位有明确规定的，应当遵守其规定。

第十一条 派生国家秘密的确定应当按照国家秘密确定的法定程序进行。承办人依据已定密事项或者密点，拟定密级、保密期限和知悉范围，报定密责任人审核。定密责任人对承办人意见进行审核，作出决定。

派生定密应当作出书面记录，注明承办人、定密责任人和定密依据。定密依据应当写明依据的文件名称、文号、密级、保密期限等。

第十二条 机关、单位所执行或者办理的已定密事项没有变更或者解密的，派生国家秘密不得变更或者解密；所执行或者办理的已定密事项已经变更或者解密的，派生国家秘密的密级、保密期限、知悉范围应当及时作出相应变更或者予以解密。

机关、单位认为所执行或者办理的已定密事项需要变更或者解密的，可以向原定密机关、单位或者其上级机关、单位提出建议。未经有关机关、单位同意，派生国家秘密不得擅自变更或者解密。

第十三条 派生国家秘密的变更、解除程序应当履行国家秘密变更或者解除的法定程序。承办人依据已定密事项或者密点的变更、解除情况，提出派生国家秘密变更或者解除意见，报定密责任人审核批准，并作出书面记录。

书面记录应当注明承办人、定密责任人、已定密事项或者密点的变更或者解除情况，以及解密后作为工作秘密管理或者予以公开等。

第十四条 派生事项不是对已定密事项内容或者密点进行概括总结、编辑整合、具体细化的，不应当派生定密。该事项是否需要定密，应当依照保密法律法规和国家秘密及其密级具体范围（以下简称保密事项范围）判断。

第十五条 派生事项既包括已定密事项内容或者密点，也包括有关行业、领域保密事项范围规定事项的，应当同时依据已定密事项和有关保密事项范围进行定密。密级、保密期限应当按照已定密事项和保密事项范围规定事项的最高密级、最长保密期限确定。知悉范围根据工作需要限定到最小范围。

第十六条 原定密机关、单位应当准确确定并规范标注国家秘密的密级、保密期限和知悉范围。对涉密国家科学技术、涉密科研项目、涉密工程、涉密政府采购以及其他可以明确密点的，应当确定密点并作出标注；不能明确标注的，可以附件、附注等形式作出说明。对无法明确密点的，可以编制涉密版和非涉密版，或者对执行、办理环节是否涉及国家秘密、工作秘密等提出明确要求。

原定密机关、单位发现其他机关、单位执行或者办理本机关、本单位已定密事项存在派生定密不当情形的，应当及时要求纠正或者建议纠正，必要时提起保密行政管理部门通知纠正或者责令整改。

第十七条 机关、单位对已定密事项是否已变更或者解除以及派生事项是否涉及密点等情况不明确的，可以向原定密机关、单位请示或者函询，原定密机关、单位应当及时予以答复。

第十八条 机关、单位应当依法履行派生定密主体责任，加强对本机关、本单位派生定密的监督管理，发现存在派生定密不当情形的，应当及时纠正。

第十九条 上级机关、单位应当加强对下级机关、单位派生定密的指导和监督，发现下级机关、单位派生定密不当的，应当及时通知其纠正，也可以直接纠正。

第二十条 各级保密行政管理部门应当依法对机关、单位派生定密进行指导、监督和检查，对发现的问题及时通知纠正或者责令整改。

第二十一条 机关、单位发现定密责任人和承办人定密不当，有下列情形之一的，应当及时纠正并进行批评教育；造成严重后果的，依规依纪依法给予处分：

（一）派生事项应当确定国家秘密而未确定的；

（二）派生事项不应当确定国家秘密而确定的；

（三）未按照法定程序派生定密的；

（四）未按规定标注派生国家秘密标志的；

（五）未按规定变更派生国家秘密的密级、保密期限、知悉范围的；

（六）派生国家秘密不应当解除而解除的；

（七）派生国家秘密应当解除而未解除的；

（八）违反本办法的其他情形。

第二十二条 本办法由国家保密局负责解释。

第二十三条 本办法自2023年4月1日起施行。

国家秘密载体印制资质管理办法

（2020年12月22日国家保密局、国家市场监督管理总局令2020年第2号公布 自2021年3月1日起施行）

第一章 总 则

第一条 为了加强国家秘密载体印制资质管理，确保国家秘密安全，根据《中华人民共和国保守国家秘密法》、《中华人民共和国行政许可法》、《中华人民共和国行政处罚法》、《中华人民共和国保守国家秘密法实施条例》等有关法律法规，制定本办法。

第二条 本办法所称国家秘密载体印制（以下简称涉密印制），是指以印刷、复制等方式制作国家秘密载体的行为。

涉密印制资质是指保密行政管理部门许可企业事业单位从事国家秘密载体印制业务的法定资格。

第三条 涉密印制资质的申请、受理、审查、决定、使用和监督管理，适用本办法。

第四条 从事涉密印制业务的企业事业单位应当依照本办法，取得涉密印制资质。

国家机关和涉及国家秘密的单位（以下简称机关、单位）应当选择具有涉密印制资质的单位（以下简称资质单位）承接涉密印制业务。

第五条 涉密印制资质管理应当遵循依法管理、安全保密、科学发展、公平公正的原则。

第六条 国家保密行政管理部门主管全国涉密印制资质管理工作，省级保密行政管理部门主管本行政区域内涉密印制资质管理工作。

省级以上保密行政管理部门根据工作需要，可以委托下一级保密行政管理部门开展审查工作，或者组织机构协助开展工作。

第七条 省级以上保密行政管理部门应当指定专门机构承担保密资质管理日常工作。

第八条 省级以上保密行政管理部门建立保密资质审查专家库，组织开展入库审查、培训考核等工作。

第九条 实施涉密印制资质许可不收取任何费用，所需经费纳入同级财政预算。

第二章 等级与条件

第十条 涉密印制资质分为甲级和乙级两个等级。

甲级资质单位可以从事绝密级、机密级、秘密级涉密印制业务；乙级资质单位可以从事机密级、秘密级涉密印制业务。

第十一条 涉密印制资质包括涉密文件资料、国家统一考试试卷、涉密防伪票据证书、涉密光电磁介质、涉密档案数字化加工，以及国家保密行政管理部门许可的其他涉密印制业务。

资质单位应当在保密行政管理部门许可的业务种类范围内承接涉密印制业务。

第十二条 申请单位应当具备以下基本条件：

（一）在中华人民共和国境内注册的法人，从事印制业务三年以上，甲级资质申请单位还应当具备相应乙级资质三年以上；

（二）无犯罪记录且近三年内未被吊销保密资质（资格），法定代表人、主要负责人、实际控制人未被列入失信人员名单；

（三）法定代表人、主要负责人、实际控制人、董（监）事会人员、高级管理人员以及从事涉密印制业务人员具有中华人民共和国国籍，无境外永久居留权或者长期居留许可，与境外人员无婚姻关系，国家另有规定的除外；

（四）具有从事涉密印制业务的专业能力；

（五）法律、行政法规和国家保密行政管理部门规定的其他条件。

第十三条 申请单位应当具备以下保密条件：

（一）有专门机构或者人员负责保密工作；

（二）保密制度完善；

（三）从事涉密印制业务的人员经过保密教育培训，具备必要的保密知识和技能；

（四）用于涉密印制业务的场所、设施、设备符合国家保密规定和标准；

（五）有专门的保密工作经费；

（六）法律、行政法规和国家保密行政管理部门规定的其他保密条件。

第十四条 申请涉密文件资料、涉密光电磁介质、涉密档案数字化加工资质的单位不得有外国投资者投资。在新三板挂牌的企业申请资质以及资质有效期内的，还应当符合以下条件：

（一）参与挂牌交易的股份比例不高于总股本的30%；

（二）实际控制人在申请期间及资质有效期内保持控制地位不变。

第十五条 申请国家统一考试试卷、涉密防伪票据证书资质的单位不得由外国投资者控股。

第十六条 申请单位应当建立完善的内部管理和信息披露制度，未经国务院有关主管部门或者省级人民政府有关主管部门批准，外国投资者不得接触、知悉国家秘密信息。

第十七条 申请单位申请不同等级和业务种类的涉密印制资质，应当符合涉密印制资质具体条件的要求。

第三章 申请、受理、审查与决定

第十八条 申请甲级资质的，应当向国家保密行政管理部门提出申请；申请乙级资质的，应当向注册地的省级保密行政管理部门提出申请。申请单位应当提交以下材料：

（一）《国家秘密载体印制资质申请书》（以下简称申请书）；

（二）企业营业执照或者事业单位法人证书；

（三）在登记机关备案的章程；

（四）从事印刷、复制等经营活动的许可证明；

（五）法定代表人、主要负责人、实际控制人、董（监）事会人员、高级管理人员以及从事涉密印制业务的其他人员情况；

（六）资本结构和股权情况；

（七）上一年度企业年度报告；

（八）生产经营和办公场所的产权证书或者租赁合同；

（九）近三年印制业务合同清单；

（十）涉密印制业务设备、场所和保密设施、设备情况；

（十一）基本管理制度、保密制度以及保密体系运行情况。

申请书及相关材料不得涉及国家秘密，申请单位应当对申请材料的真实性和完整性负责。

第十九条 保密行政管理部门收到申请材料后，应当在五日内完成审查。申请材料齐全且符合法定形式的，应当受理并发出受理通知书；申请材料不齐全或者不符合法定形式的，应当一次告知申请单位十五日内补正材料；逾期未告知申请单位补正的，自收到申请材料之日起即为受理。申请单位十五日内不予补正的，视为放弃本次行政许可申请。

第二十条 资质审查分为书面审查、现场审查。确有需要的，可以组织专家开展评审。

第二十一条 对作出受理决定的，保密行政管理部门应当对提交的申请材料进行书面审查。

第二十二条 对书面审查合格的单位，保密行政管理部门应当指派两名以上工作人员，并可以结合工作实际指派一名以上审查专家，依据涉密印制资质审查细则和评分标准，对保密制度、保密工作机构、保密监督管理、涉密人员管理、保密技术防护以及从事涉密印制业务的专业能力等情况进行现场审查。

涉密印制资质审查细则和评分标准由国家保密行政管理部门另行规定。

第二十三条 现场审查应当按照以下程序进行：

（一）提前五日以传真、电子邮件等形式书面通知申请单位现场审查时间；

（二）听取申请单位情况汇报和对有关事项的说明；

（三）审查有关材料；

（四）与主要负责人、保密工作负责人及有关人员谈话了解情况；

（五）组织涉密人员进行保密知识测试；

（六）对涉密场所、涉密设备等进行实地查看；

（七）汇总现场审查情况，形成现场审查报告；

（八）通报审查情况，申请单位法定代表人或者主要负责人在现场审查报告上签字确认。

第二十四条 申请单位具有下列情形之一的，保密行政管理部门应当终止审查：

（一）隐瞒有关情况或者提供虚假材料的；

（二）采取贿赂、请托等不正当手段，影响审查工作公平公正进行的；

（三）无正当理由拒绝按通知时间接受现场审查的；

（四）现场审查中发现不符合评分标准基本项的；

（五）其他违反保密法律法规的行为。

第二十五条 申请单位书面审查、现场审查合格的，保密行政管理部门应当准予行政许可。

申请单位具有下列情形之一的，保密行政管理部门应当作出不予行政许可的书面决定，说明理由并告知申请单位相关权利。

（一）书面审查不合格的；

（二）现场审查不合格的；

（三）终止审查的；

（四）法律、行政法规规定的不予行政许可的其他情形。

第二十六条 保密行政管理部门应当自受理申请之日起二十日内，对申请单位作出准予行政许可或者不予行政许可的决定。二十日内不能作出决定的，经本行政机关负责人批准，可以延长十日，并应当将延长期限的理由告知申请单位。

保密行政管理部门组织开展专家评审、鉴定所需时间不计入行政许可期限。

第二十七条 保密行政管理部门作出准予行政许可的决定的，自作出决定之日起十日内向申请单位颁发《国家秘密载体印制资质证书》（以下简称《资质证书》）。

第二十八条 《资质证书》有效期为五年，分为正本和副本，正本和副本具有同等法律效力。样式由国家保密行政管理部门统一制作，主要包括以下内容：

（一）单位名称；

（二）法定代表人；

（三）注册地址；

（四）证书编号；

（五）资质等级；

（六）业务种类；

（七）发证机关；

（八）有效期和发证日期。

第二十九条 《资质证书》有效期满，需要继续从事涉密印制业务的，应当在有效期届满三个月前向保密行政管理部门提出延续申请，保密行政管理部门应当按照本办法有关规定开展审查，申请单位未按规定期限提出延续申请的，视为重新申请。

有效期届满且未准予延续前，不得签订新的涉密印制业务合同。对于已经签订合同但未完成的涉密业务，在确保安全保密的条件下可以继续完成。

第三十条 省级保密行政管理部门应当将许可的乙级资质单位报国家保密行政管理部门备案。

准予行政许可和注销、吊销、撤销以及暂停资质的决定，由作出决定的保密行政管理部门在一定范围内予以发布。

第四章 监督与管理

第三十一条 省级以上保密行政管理部门应当加强对下一级保密行政管理部门以及协助开展审查工作的专门机构的监督检查，及时纠正资质管理中的违法违规行为。

第三十二条　保密行政管理部门应当开展“双随机”抽查、飞行检查等形式的保密检查，对资质单位从事涉密印制业务和保密管理情况进行监督。

第三十三条　机关、单位委托资质单位印制国家秘密载体，应当查验其《资质证书》，出具委托证明，签订保密协议，提出保密要求，督促落实保密措施。

资质单位应当查验、收取委托方的委托证明，并进行登记。没有委托证明的，资质单位不得承接。

第三十四条　资质单位与其他单位合作开展涉密印制业务的，合作单位应当具有相应的涉密印制资质且取得委托方书面同意。

资质单位不得将涉密印制业务分包或者转包给无相应涉密资质的单位。

第三十五条　乙级资质单位拟在注册地的省级行政区域外承接涉密印制业务的，应当向业务所在地的省级保密行政管理部门备案，接受保密监督管理。

第三十六条　资质单位实行年度自检制度，应当于每年3月31日前向作出准予行政许可决定的保密行政管理部门报送上一年度自检报告。

第三十七条　资质单位下列事项发生变更的，应当在变更前向保密行政管理部门书面报告：

（一）注册资本或者股权结构；

（二）控股股东或者实际控制人；

（三）单位性质或者隶属关系；

（四）用于涉密印制业务的场所。

保密行政管理部门应当对资质单位变更事项进行书面审查。通过审查的，资质单位应当按照审定事项实施变更，并在变更完成后十日内提交情况报告。

对影响或者可能影响国家安全的外商投资，应当按照外商投资安全审查制度进行安全审查。

资质单位发生控股股东或者实际控制人、单位性质或者隶属关系、用于涉密印制业务的场所等事项变更的，保密行政管理部门应当组织现场审查。

第三十八条 资质单位下列事项发生变更的，应当在变更后十日内向保密行政管理部门书面报告：

（一）单位名称；

（二）注册地址或者经营地址；

（三）经营范围；

（四）法定代表人、董（监）事会人员或者高级管理人员。

资质单位变更完成需换发《资质证书》的，由保密行政管理部门审核后重新颁发。

第三十九条 保密行政管理部门在现场审查、保密检查过程中，发现申请单位或者资质单位存在涉嫌泄露国家秘密的案件线索，应当根据工作需要，按照泄密案件管辖权限，经保密行政管理部门负责人批准，由具备执法资格的人员对有关设施、设备、载体等采取登记保存措施，依法开展调查工作。

保密行政管理部门调查结束后，认定申请单位或者资质单位存在违反保密法律法规事实的，违法行为发生地的保密行政管理部门应当按照本办法作出处理，并将违法事实、处理结果抄告受理申请或者准予行政许可的保密行政管理部门。

第四十条 有下列情形之一的，作出准予行政许可决定的保密行政管理部门或者其上级保密行政管理部门，依据职权可以撤销行政许可：

（一）保密行政管理部门滥用职权、玩忽职守作出准予行政许可决定的；

（二）超越法定职权作出准予行政许可决定的；

（三）违反法定程序作出准予行政许可决定的；

（四）对不具备申请资格或者不符合法定条件的申请单位准予行政许可的；

（五）依法可以撤销行政许可的其他情形。

资质单位采取欺骗、贿赂等不正当手段取得资质的，保密行政管理部门应当撤销其资质，停止其涉密业务。自撤销之日起，三年内不得再次申请。

第四十一条 资质单位具有下列情形之一的，作出准予行政许可决定的保密行政管理部门应当注销其资质：

（一）《资质证书》有效期届满未延续的；

（二）法人资格依法终止的；

（三）主动申请注销资质的；

（四）行政许可依法被撤销、撤回，或者行政许可证件依法被吊销的；

（五）因不可抗力导致行政许可事项无法实施的；

（六）法律、行政法规规定的应当注销资质的其他情形。

第四十二条 申请单位或者资质单位对保密行政管理部门作出的决定不服的，可以依法申请行政复议或者提起行政诉讼。

第五章 法律责任

第四十三条 资质单位违反本办法的，依照本办法有关规定处理；构成犯罪的，依法追究刑事责任。

第四十四条 资质单位具有下列情形之一的，保密行政管理部门应当责令其在二十日内完成整改，逾期不改或者整改后仍不符合要求的，给予六个月以上十二个月以下暂停资质的处罚：

（一）未经委托方书面同意，擅自与其他涉密印制资质单位合作开展涉密印制业务的；

（二）超出行政许可的业务种类范围承接涉密印制业务的；

（三）发生需要报告的事项，未及时报告的；

（四）未按本办法提交年度自检报告的；

（五）不符合其他保密管理规定，存在泄密隐患的。

第四十五条 资质单位不再符合申请条件，或者具有下列情形之一的，保密行政管理部门应当吊销其资质，停止其涉密业务：

（一）涂改、出卖、出租、出借《资质证书》，或者以其他方式伪造、非法转让《资质证书》的；

（二）将涉密印制业务分包或者转包给无相应涉密资质单位的；

（三）发现国家秘密已经泄露或者可能泄露，未按法定时限报告的；

（四）拒绝接受保密检查的；

（五）资质暂停期间，承接新的涉密印制业务的；

（六）资质暂停期满，仍不符合保密管理规定的；

（七）发生泄密案件的；

（八）其他违反保密法律法规的行为。

第四十六条 申请单位隐瞒有关情况或者提供虚假材料的，保密行政管理部门应当作出不予受理或者不予行政许可的决定。自不予受理或者不予许可之日起，一年内不得再次申请。

第四十七条 未经保密行政管理部门许可的单位从事涉密印制业务的，由保密行政管理部门责令停止违法行为，非法获取、持有的国家秘密载体，应当予以收缴；有违法所得的，由市场监督管理部门没收违法所得；构成犯罪的，依法追究刑事责任。

第四十八条 机关、单位委托未经保密行政管理部门许可的单位从事涉密印制业务的，应当由有关机关、单位对直接负责的主管人员和其他直接责任人员依法给予处分；构成犯罪的，依法追究刑事责任。

第四十九条 保密行政管理部门及其工作人员未依法履行职责，或者滥用职权、玩忽职守、徇私舞弊的，对直接负责的主管人员和其他直接责任人员依法给予政务处分；构成犯罪的，依法追究刑事责任。

第六章 附 则

第五十条 机关、单位内部非经营性印刷厂、文印中心（室），承担本机关、单位涉密印制业务的，可不申请涉密印制资质，由本机关、单位按照保密要害部门部位进行管理，接受同级保密行政管理部门监督指导。

第五十一条 申请单位资本结构包含香港特别行政区、澳门特别行政区、台湾地区投资者以及定居在国外中国公民投资者的，参照本办法管理。国家另有规定的，从其规定。

第五十二条 本办法规定的实施行政许可的期限以工作日计算，不含法定节假日。

第五十三条 本办法由国家保密局负责解释。

第五十四条 本办法自2021年3月1日起施行。国家保密局、国家工商行政管理总局、国家新闻出版总署发布的《国家秘密载体印制资质管理办法》（国保发〔2012〕7号，国保发〔2019〕13号修订）同时废止。

附件

国家秘密载体印制资质具体条件

一、涉密文件资料

（一）甲级资质

1. 取得《印刷经营许可证》。

2. 上一个会计年度净资产不少于5000万元人民币。

3. 在本单位依法缴纳社保一年以上的人员不少于50名。

4. 具有自有产权或者租赁期3年（含）以上的固定生产经营场所，建筑面积不少于1000平方米。

5. 具备独立的保密室和涉密印制业务所必需的印制车间、成品库、废品库等功能场所，实行封闭式管理，周边环境安全可控。

（二）乙级资质

1. 取得《印刷经营许可证》。

2. 上一个会计年度净资产不少于500万元人民币。

3. 在本单位依法缴纳社保一年以上的人员不少于20名。

4. 具有自有产权或者租赁期3年（含）以上的固定生产经营场所，建筑面积不少于200平方米。

5. 具备独立的保密室和涉密印制业务所必需的印制车间、成品库、废品库等功能场所，实行封闭式管理，周边环境安全可控。

二、国家统一考试试卷

（一）甲级资质

1. 取得《印刷经营许可证》。

2. 上一个会计年度净资产不少于5000万元人民币。

3. 在本单位依法缴纳社保一年以上的人员不少于40名。

4. 具有自有产权或者租赁期3年（含）以上的固定生产经营场所，建筑面积不少于5000平方米。

5. 具备独立的保密室和具有符合入闸管理条件的试卷印制车间、成品库、废品库等功能场所，实行封闭管理，周边环境安全可控。

（二）乙级资质

1. 取得《印刷经营许可证》。

2. 上一个会计年度净资产不少于1000万元人民币。

3. 在本单位依法缴纳社保一年以上的人员不少于20名。

4. 具有自有产权或者租赁期3年（含）以上的固定生产经营场所，建筑面积不少于1000平方米。

5. 具备独立的保密室和具有符合入闸管理条件的试卷印制车间、成品库、废品库等功能场所，实行封闭管理，周边环境安全可控。

三、涉密防伪票据证书

（一）甲级资质

1. 取得《印刷经营许可证》。

2. 上一个会计年度净资产不少于1亿元人民币。

3. 在本单位依法缴纳社保一年以上的人员不少于60名。

4. 具有自有产权或者租赁期3年（含）以上的固定生产经营场所，建筑面积不少于3000平方米。

5. 具备独立的保密室和具有涉密防伪票据证书印制业务所必需的制版车间、涉密防伪材料库等功能场所，实行封闭管理，周边环境安全可控。

（二）乙级资质

1. 取得《印刷经营许可证》。

2. 上一个会计年度净资产不少于1000万元人民币。

3. 在本单位依法缴纳社保一年以上的人员不少于30名。

4. 具有自有产权或者租赁期3年（含）以上的固定生产经营场所，建筑面积不少于1000平方米。

5. 具备独立的保密室和具有涉密防伪票据证书印制业务所必需的制版车间、涉密防伪材料库等功能场所，实行封闭管理，周边环境安全可控。

四、涉密光电磁介质

（一）甲级资质

1. 取得《复制经营许可证》。

2. 上一个会计年度净资产不少于1000万元人民币。

3. 在本单位依法缴纳社保一年以上的人员不少于30名。

4. 具有自有产权或者租赁期3年（含）以上的固定生产经营场所，建筑面积不少于1000平方米。

5. 具备独立的保密室和具有涉密光电磁介质复制业务所必需的印制车间、成品库、废品库等功能场所，实行封闭式管理，周边环境安全可控。

6. 具有功能完备的光电磁介质生产设备。

（二）乙级资质

1. 取得《复制经营许可证》。

2. 上一个会计年度净资产不少于 200 万元人民币。

3. 在本单位依法缴纳社保一年以上的人员不少于 15 名。

4. 具有自有产权或者租赁期 3 年（含）以上的固定生产经营场所，建筑面积不少于 200 平方米。

5. 具备独立的保密室和具有涉密光电磁介质复制业务所必需的印制车间、成品库、废品库等功能场所，实行封闭式管理，周边环境安全可控。

6. 具有功能完备的光电磁介质生产设备。

五、涉密档案数字化加工

（一）甲级资质

1. 上一个会计年度净资产不少于 1000 万元人民币。

2. 在本单位依法缴纳社保一年以上的人员不少于 50 名。

3. 具有自有产权或者租赁期 3 年（含）以上的固定生产经营场所，建筑面积不少于 300 平方米。

4. 具备独立的保密室和具有用于涉密档案数字化加工业务场所，实行封闭式管理，周边环境安全可控。

5. 具有功能完备的档案数字化加工设备。

（二）乙级资质

1. 上一个会计年度净资产不少于 200 万元人民币。

2. 在本单位依法缴纳社保一年以上的人员不少于 20 名。

3. 具有自有产权或者租赁期 3 年（含）以上的固定生

产经营场所，建筑面积不少于200平方米。

4. 具备独立的保密室和具有用于涉密档案数字化加工业务场所，实行封闭式管理，周边环境安全可控。

5. 具有功能完备的档案数字化加工设备。

中华人民共和国档案法（节录）

（1987年9月5日第六届全国人民代表大会常务委员会第二十二次会议通过　根据1996年7月5日第八届全国人民代表大会常务委员会第二十次会议《关于修改〈中华人民共和国档案法〉的决定》第一次修正　根据2016年11月7日第十二届全国人民代表大会常务委员会第二十四次会议《关于修改〈中华人民共和国对外贸易法〉等十二部法律的决定》第二次修正　2020年6月20日第十三届全国人民代表大会常务委员会第十九次会议修订　2020年6月20日中华人民共和国主席令第47号公布　自2021年1月1日起施行）

……

第十二条　按照国家规定应当形成档案的机关、团体、企业事业单位和其他组织，应当建立档案工作责任制，依法健全档案管理制度。

第十三条 直接形成的对国家和社会具有保存价值的下列材料，应当纳入归档范围：

（一）反映机关、团体组织沿革和主要职能活动的；

（二）反映国有企业事业单位主要研发、建设、生产、经营和服务活动，以及维护国有企业事业单位权益和职工权益的；

（三）反映基层群众性自治组织城乡社区治理、服务活动的；

（四）反映历史上各时期国家治理活动、经济科技发展、社会历史面貌、文化习俗、生态环境的；

（五）法律、行政法规规定应当归档的。

非国有企业、社会服务机构等单位依照前款第二项所列范围保存本单位相关材料。

第十四条 应当归档的材料，按照国家有关规定定期向本单位档案机构或者档案工作人员移交，集中管理，任何个人不得拒绝归档或者据为己有。

国家规定不得归档的材料，禁止擅自归档。

第十五条 机关、团体、企业事业单位和其他组织应当按照国家有关规定，定期向档案馆移交档案，档案馆不得拒绝接收。

经档案馆同意，提前将档案交档案馆保管的，在国家规定的移交期限届满前，该档案所涉及政府信息公开事项仍由原制作或者保存政府信息的单位办理。移交期限届满的，涉及政府信息公开事项的档案按照档案利用规定办理。

第十六条 机关、团体、企业事业单位和其他组织发生机构变动或者撤销、合并等情形时，应当按照规定向有关单位或者档案馆移交档案。

第十七条 档案馆除按照国家有关规定接收移交的档案外，还可以通过接受捐献、购买、代存等方式收集档案。

第十八条 博物馆、图书馆、纪念馆等单位保存的文物、文献信息同时是档案的，依照有关法律、行政法规的规定，可以由上述单位自行管理。

档案馆与前款所列单位应当在档案的利用方面互相协作，可以相互交换重复件、复制件或者目录，联合举办展览，共同研究、编辑出版有关史料。

第十九条 档案馆以及机关、团体、企业事业单位和其他组织的档案机构应当建立科学的管理制度，便于对档案的利用；按照国家有关规定配置适宜档案保存的库房和必要的设施、设备，确保档案的安全；采用先进技术，实现档案管理的现代化。

档案馆和机关、团体、企业事业单位以及其他组织应当建立健全档案安全工作机制，加强档案安全风险管理，提高档案安全应急处置能力。

第二十条 涉及国家秘密的档案的管理和利用，密级的变更和解密，应当依照有关保守国家秘密的法律、行政法规规定办理。

第二十一条 鉴定档案保存价值的原则、保管期限的标准以及销毁档案的程序和办法，由国家档案主管部门制定。

禁止篡改、损毁、伪造档案。禁止擅自销毁档案。

第二十二条 非国有企业、社会服务机构等单位和个人形成的档案，对国家和社会具有重要保存价值或者应当保密的，档案所有者应当妥善保管。对保管条件不符合要求或者存在其他原因可能导致档案严重损毁和不安全的，省级以上档案主管部门可以给予帮助，或者经协商采取指定档案馆代为保管等确保档案完整和安全的措施；必要时，可以依法收购或者征购。

前款所列档案，档案所有者可以向国家档案馆寄存或者转让。严禁出卖、赠送给外国人或者外国组织。

向国家捐献重要、珍贵档案的，国家档案馆应当按照国家有关规定给予奖励。

第二十三条 禁止买卖属于国家所有的档案。

国有企业事业单位资产转让时，转让有关档案的具体办法，由国家档案主管部门制定。

档案复制件的交换、转让，按照国家有关规定办理。

第二十四条 档案馆和机关、团体、企业事业单位以及其他组织委托档案整理、寄存、开发利用和数字化等服务的，应当与符合条件的档案服务企业签订委托协议，约定服务的范围、质量和技术标准等内容，并对受托方进行监督。

受托方应当建立档案服务管理制度，遵守有关安全保密规定，确保档案的安全。

第二十五条 属于国家所有的档案和本法第二十二条规定的档案及其复制件，禁止擅自运送、邮寄、携带出境或者通过互联网传输出境。确需出境的，按照国家有关规定办理审批手续。

第二十六条 国家档案主管部门应当建立健全突发事件应对活动相关档案收集、整理、保护、利用工作机制。

档案馆应当加强对突发事件应对活动相关档案的研究整理和开发利用，为突发事件应对活动提供文献参考和决策支持。

……

第四十三条 档案主管部门根据违法线索进行检查时，在符合安全保密要求的前提下，可以检查有关库房、设施、设备，查阅有关材料，询问有关人员，记录有关情况，有关单位和个人应当配合。

……

第四十七条 档案主管部门及其工作人员应当按照法定的职权和程序开展监督检查工作，做到科学、公正、严格、高效，不得利用职权牟取利益，不得泄露履职过程中知悉的国家秘密、商业秘密或者个人隐私。

……

中华人民共和国密码法（节录）

（2019年10月26日第十三届全国人民代表大会常务委员会第十四次会议通过　2019年10月26日中华人民共和国主席令第35号公布　自2020年1月1日起施行）

……

第六条　国家对密码实行分类管理。

密码分为核心密码、普通密码和商用密码。

第七条　核心密码、普通密码用于保护国家秘密信息，核心密码保护信息的最高密级为绝密级，普通密码保护信息的最高密级为机密级。

核心密码、普通密码属于国家秘密。密码管理部门依照本法和有关法律、行政法规、国家有关规定对核心密码、普通密码实行严格统一管理。

第八条　商用密码用于保护不属于国家秘密的信息。

公民、法人和其他组织可以依法使用商用密码保护网络与信息安全。

……

第十四条　在有线、无线通信中传递的国家秘密信息，以及存储、处理国家秘密信息的信息系统，应当依照法律、行政法规和国家有关规定使用核心密码、普通密码进行加密保护、安全认证。

第十五条 从事核心密码、普通密码科研、生产、服务、检测、装备、使用和销毁等工作的机构（以下统称密码工作机构）应当按照法律、行政法规、国家有关规定以及核心密码、普通密码标准的要求，建立健全安全管理制度，采取严格的保密措施和保密责任制，确保核心密码、普通密码的安全。

第十六条 密码管理部门依法对密码工作机构的核心密码、普通密码工作进行指导、监督和检查，密码工作机构应当配合。

第十七条 密码管理部门根据工作需要会同有关部门建立核心密码、普通密码的安全监测预警、安全风险评估、信息通报、重大事项会商和应急处置等协作机制，确保核心密码、普通密码安全管理的协同联动和有序高效。

密码工作机构发现核心密码、普通密码泄密或者影响核心密码、普通密码安全的重大问题、风险隐患的，应当立即采取应对措施，并及时向保密行政管理部门、密码管理部门报告，由保密行政管理部门、密码管理部门会同有关部门组织开展调查、处置，并指导有关密码工作机构及时消除安全隐患。

……

第二十五条 国家推进商用密码检测认证体系建设，制定商用密码检测认证技术规范、规则，鼓励商用密码从业单位自愿接受商用密码检测认证，提升市场竞争力。

商用密码检测、认证机构应当依法取得相关资质，并依照法律、行政法规的规定和商用密码检测认证技术规范、规则开展商用密码检测认证。

商用密码检测、认证机构应当对其在商用密码检测认证中所知悉的国家秘密和商业秘密承担保密义务。

……

第三十二条 违反本法第十二条规定，窃取他人加密保护的信息，非法侵入他人的密码保障系统，或者利用密码从事危害国家安全、社会公共利益、他人合法权益等违法活动的，由有关部门依照《中华人民共和国网络安全法》和其他有关法律、行政法规的规定追究法律责任。

第三十三条 违反本法第十四条规定，未按照要求使用核心密码、普通密码的，由密码管理部门责令改正或者停止违法行为，给予警告；情节严重的，由密码管理部门建议有关国家机关、单位对直接负责的主管人员和其他直接责任人员依法给予处分或者处理。

第三十四条 违反本法规定，发生核心密码、普通密码泄密案件的，由保密行政管理部门、密码管理部门建议有关国家机关、单位对直接负责的主管人员和其他直接责任人员依法给予处分或者处理。

违反本法第十七条第二款规定，发现核心密码、普通密码泄密或者影响核心密码、普通密码安全的重大问题、风险隐患，未立即采取应对措施，或者未及时报告的，由保密行政管理部门、密码管理部门建议有关国家机关、单位对直接负责的主管人员和其他直接责任人员依法给予处分或者处理。

……

关键信息基础设施安全保护条例

（2021年4月27日国务院第133次常务会议通过　2021年7月30日中华人民共和国国务院令第745号公布　自2021年9月1日起施行）

第一章　总　　则

第一条　为了保障关键信息基础设施安全，维护网络安全，根据《中华人民共和国网络安全法》，制定本条例。

第二条　本条例所称关键信息基础设施，是指公共通信和信息服务、能源、交通、水利、金融、公共服务、电子政务、国防科技工业等重要行业和领域的，以及其他一旦遭到破坏、丧失功能或者数据泄露，可能严重危害国家安全、国计民生、公共利益的重要网络设施、信息系统等。

第三条　在国家网信部门统筹协调下，国务院公安部门负责指导监督关键信息基础设施安全保护工作。国务院电信主管部门和其他有关部门依照本条例和有关法律、行政法规的规定，在各自职责范围内负责关键信息基础设施安全保护和监督管理工作。

省级人民政府有关部门依据各自职责对关键信息基础设施实施安全保护和监督管理。

第四条　关键信息基础设施安全保护坚持综合协调、分工负责、依法保护，强化和落实关键信息基础设施运营者（以下简称运营者）主体责任，充分发挥政府及社会各方面的作用，共同保护关键信息基础设施安全。

第五条　国家对关键信息基础设施实行重点保护，采取措施，监测、防御、处置来源于中华人民共和国境内外的网络安全风险和威胁，保护关键信息基础设施免受攻击、侵入、干扰和破坏，依法惩治危害关键信息基础设施安全的违法犯罪活动。

任何个人和组织不得实施非法侵入、干扰、破坏关键信息基础设施的活动，不得危害关键信息基础设施安全。

第六条　运营者依照本条例和有关法律、行政法规的规定以及国家标准的强制性要求，在网络安全等级保护的基础上，采取技术保护措施和其他必要措施，应对网络安全事件，防范网络攻击和违法犯罪活动，保障关键信息基础设施安全稳定运行，维护数据的完整性、保密性和可用性。

第七条　对在关键信息基础设施安全保护工作中取得显著成绩或者作出突出贡献的单位和个人，按照国家有关规定给予表彰。

第二章　关键信息基础设施认定

第八条　本条例第二条涉及的重要行业和领域的主管部门、监督管理部门是负责关键信息基础设施安全保护工作的部门（以下简称保护工作部门）。

第九条　保护工作部门结合本行业、本领域实际，制定关键信息基础设施认定规则，并报国务院公安部门备案。

制定认定规则应当主要考虑下列因素：

（一）网络设施、信息系统等对于本行业、本领域关键核心业务的重要程度；

（二）网络设施、信息系统等一旦遭到破坏、丧失功能或者数据泄露可能带来的危害程度；

（三）对其他行业和领域的关联性影响。

第十条　保护工作部门根据认定规则负责组织认定本行业、本领域的关键信息基础设施，及时将认定结果通知运营者，并通报国务院公安部门。

第十一条　关键信息基础设施发生较大变化，可能影响其认定结果的，运营者应当及时将相关情况报告保护工作部门。保护工作部门自收到报告之日起3个月内完成重新认定，将认定结果通知运营者，并通报国务院公安部门。

第三章　运营者责任义务

第十二条　安全保护措施应当与关键信息基础设施同步规划、同步建设、同步使用。

第十三条　运营者应当建立健全网络安全保护制度和责任制，保障人力、财力、物力投入。运营者的主要负责人对关键信息基础设施安全保护负总责，领导关键信息基础设施安全保护和重大网络安全事件处置工作，组织研究解决重大网络安全问题。

第十四条　运营者应当设置专门安全管理机构，并对专门安全管理机构负责人和关键岗位人员进行安全背景审查。审查时，公安机关、国家安全机关应当予以协助。

第十五条　专门安全管理机构具体负责本单位的关键信息基础设施安全保护工作，履行下列职责：

（一）建立健全网络安全管理、评价考核制度，拟订关键信息基础设施安全保护计划；

（二）组织推动网络安全防护能力建设，开展网络安全监测、检测和风险评估；

（三）按照国家及行业网络安全事件应急预案，制定本单位应急预案，定期开展应急演练，处置网络安全事件；

（四）认定网络安全关键岗位，组织开展网络安全工作考核，提出奖励和惩处建议；

（五）组织网络安全教育、培训；

（六）履行个人信息和数据安全保护责任，建立健全个人信息和数据安全保护制度；

（七）对关键信息基础设施设计、建设、运行、维护等服务实施安全管理；

（八）按照规定报告网络安全事件和重要事项。

第十六条 运营者应当保障专门安全管理机构的运行经费、配备相应的人员，开展与网络安全和信息化有关的决策应当有专门安全管理机构人员参与。

第十七条 运营者应当自行或者委托网络安全服务机构对关键信息基础设施每年至少进行一次网络安全检测和风险评估，对发现的安全问题及时整改，并按照保护工作部门要求报送情况。

第十八条 关键信息基础设施发生重大网络安全事件或者发现重大网络安全威胁时，运营者应当按照有关规定向保护工作部门、公安机关报告。

发生关键信息基础设施整体中断运行或者主要功能故障、国家基础信息以及其他重要数据泄露、较大规模个人信息泄露、造成较大经济损失、违法信息较大范围传播等特别重大网络安全事件或者发现特别重大网络安全威胁时，保护工作部门应当在收到报告后，及时向国家网信部门、国务院公安部门报告。

第十九条 运营者应当优先采购安全可信的网络产品和服务；采购网络产品和服务可能影响国家安全的，应当按照国家网络安全规定通过安全审查。

第二十条 运营者采购网络产品和服务，应当按照国家有关规定与网络产品和服务提供者签订安全保密协议，明确提供者的技术支持和安全保密义务与责任，并对义务与责任履行情况进行监督。

第二十一条 运营者发生合并、分立、解散等情况，应当及时报告保护工作部门，并按照保护工作部门的要求对关键信息基础设施进行处置，确保安全。

第四章 保障和促进

第二十二条 保护工作部门应当制定本行业、本领域关键信息基础设施安全规划，明确保护目标、基本要求、工作任务、具体措施。

第二十三条 国家网信部门统筹协调有关部门建立网络安全信息共享机制，及时汇总、研判、共享、发布网络安全威胁、漏洞、事件等信息，促进有关部门、保护工作部门、运营者以及网络安全服务机构等之间的网络安全信息共享。

第二十四条 保护工作部门应当建立健全本行业、本领域的关键信息基础设施网络安全监测预警制度，及时掌握本行业、本领域关键信息基础设施运行状况、安全态势，预警通报网络安全威胁和隐患，指导做好安全防范工作。

第二十五条 保护工作部门应当按照国家网络安全事

件应急预案的要求，建立健全本行业、本领域的网络安全事件应急预案，定期组织应急演练；指导运营者做好网络安全事件应对处置，并根据需要组织提供技术支持与协助。

第二十六条 保护工作部门应当定期组织开展本行业、本领域关键信息基础设施网络安全检查检测，指导监督运营者及时整改安全隐患、完善安全措施。

第二十七条 国家网信部门统筹协调国务院公安部门、保护工作部门对关键信息基础设施进行网络安全检查检测，提出改进措施。

有关部门在开展关键信息基础设施网络安全检查时，应当加强协同配合、信息沟通，避免不必要的检查和交叉重复检查。检查工作不得收取费用，不得要求被检查单位购买指定品牌或者指定生产、销售单位的产品和服务。

第二十八条 运营者对保护工作部门开展的关键信息基础设施网络安全检查检测工作，以及公安、国家安全、保密行政管理、密码管理等有关部门依法开展的关键信息基础设施网络安全检查工作应当予以配合。

第二十九条 在关键信息基础设施安全保护工作中，国家网信部门和国务院电信主管部门、国务院公安部门等应当根据保护工作部门的需要，及时提供技术支持和协助。

第三十条 网信部门、公安机关、保护工作部门等有关部门，网络安全服务机构及其工作人员对于在关键信息基础设施安全保护工作中获取的信息，只能用于维护网络安全，并严格按照有关法律、行政法规的要求确保信息安全，不得泄露、出售或者非法向他人提供。

第三十一条 未经国家网信部门、国务院公安部门批准或者保护工作部门、运营者授权，任何个人和组织不得对关键信息基础设施实施漏洞探测、渗透性测试等可能影响或者危害关键信息基础设施安全的活动。对基础电信网络实施漏洞探测、渗透性测试等活动，应当事先向国务院电信主管部门报告。

第三十二条 国家采取措施，优先保障能源、电信等关键信息基础设施安全运行。

能源、电信行业应当采取措施，为其他行业和领域的关键信息基础设施安全运行提供重点保障。

第三十三条 公安机关、国家安全机关依据各自职责依法加强关键信息基础设施安全保卫，防范打击针对和利用关键信息基础设施实施的违法犯罪活动。

第三十四条 国家制定和完善关键信息基础设施安全标准，指导、规范关键信息基础设施安全保护工作。

第三十五条 国家采取措施，鼓励网络安全专门人才从事关键信息基础设施安全保护工作；将运营者安全管理人员、安全技术人员培训纳入国家继续教育体系。

第三十六条 国家支持关键信息基础设施安全防护技术创新和产业发展，组织力量实施关键信息基础设施安全技术攻关。

第三十七条 国家加强网络安全服务机构建设和管理，制定管理要求并加强监督指导，不断提升服务机构能力水平，充分发挥其在关键信息基础设施安全保护中的作用。

第三十八条 国家加强网络安全军民融合，军地协同保护关键信息基础设施安全。

第五章 法律责任

第三十九条 运营者有下列情形之一的，由有关主管部门依据职责责令改正，给予警告；拒不改正或者导致危害网络安全等后果的，处10万元以上100万元以下罚款，对直接负责的主管人员处1万元以上10万元以下罚款：

（一）在关键信息基础设施发生较大变化，可能影响其认定结果时未及时将相关情况报告保护工作部门的；

（二）安全保护措施未与关键信息基础设施同步规划、同步建设、同步使用的；

（三）未建立健全网络安全保护制度和责任制的；

（四）未设置专门安全管理机构的；

（五）未对专门安全管理机构负责人和关键岗位人员进行安全背景审查的；

（六）开展与网络安全和信息化有关的决策没有专门安全管理机构人员参与的；

（七）专门安全管理机构未履行本条例第十五条规定的职责的；

（八）未对关键信息基础设施每年至少进行一次网络

安全检测和风险评估，未对发现的安全问题及时整改，或者未按照保护工作部门要求报送情况的；

（九）采购网络产品和服务，未按照国家有关规定与网络产品和服务提供者签订安全保密协议的；

（十）发生合并、分立、解散等情况，未及时报告保护工作部门，或者未按照保护工作部门的要求对关键信息基础设施进行处置的。

第四十条 运营者在关键信息基础设施发生重大网络安全事件或者发现重大网络安全威胁时，未按照有关规定向保护工作部门、公安机关报告的，由保护工作部门、公安机关依据职责责令改正，给予警告；拒不改正或者导致危害网络安全等后果的，处 10 万元以上 100 万元以下罚款，对直接负责的主管人员处 1 万元以上 10 万元以下罚款。

第四十一条 运营者采购可能影响国家安全的网络产品和服务，未按照国家网络安全规定进行安全审查的，由国家网信部门等有关主管部门依据职责责令改正，处采购金额 1 倍以上 10 倍以下罚款，对直接负责的主管人员和其他直接责任人员处 1 万元以上 10 万元以下罚款。

第四十二条 运营者对保护工作部门开展的关键信息基础设施网络安全检查检测工作，以及公安、国家安全、保密行政管理、密码管理等有关部门依法开展的关键信息基础设施网络安全检查工作不予配合的，由有关主管部门责令改正；拒不改正的，处 5 万元以上 50 万元以下罚款，对直接负责的主管人员和其他直接责任人员处1万元以上10万元以下罚款；情节严重的，依法追究相应法律责任。

第四十三条 实施非法侵入、干扰、破坏关键信息基础设施，危害其安全的活动尚不构成犯罪的，依照《中华人民共和国网络安全法》有关规定，由公安机关没收违法所得，处5日以下拘留，可以并处5万元以上50万元以下罚款；情节较重的，处5日以上15日以下拘留，可以并处10万元以上100万元以下罚款。

单位有前款行为的，由公安机关没收违法所得，处10万元以上100万元以下罚款，并对直接负责的主管人员和其他直接责任人员依照前款规定处罚。

违反本条例第五条第二款和第三十一条规定，受到治安管理处罚的人员，5年内不得从事网络安全管理和网络运营关键岗位的工作；受到刑事处罚的人员，终身不得从事网络安全管理和网络运营关键岗位的工作。

第四十四条 网信部门、公安机关、保护工作部门和其他有关部门及其工作人员未履行关键信息基础设施安全保护和监督管理职责或者玩忽职守、滥用职权、徇私舞弊的，依法对直接负责的主管人员和其他直接责任人员给予处分。

第四十五条 公安机关、保护工作部门和其他有关部门在开展关键信息基础设施网络安全检查工作中收取费用，或者要求被检查单位购买指定品牌或者指定生产、销售单位的产品和服务的，由其上级机关责令改正，退还收取的费用；情节严重的，依法对直接负责的主管人员和其他直接责任人员给予处分。

第四十六条 网信部门、公安机关、保护工作部门等有关部门、网络安全服务机构及其工作人员将在关键信息基础设施安全保护工作中获取的信息用于其他用途，或者泄露、出售、非法向他人提供的，依法对直接负责的主管人员和其他直接责任人员给予处分。

第四十七条 关键信息基础设施发生重大和特别重大网络安全事件，经调查确定为责任事故的，除应当查明运营者责任并依法予以追究外，还应查明相关网络安全服务机构及有关部门的责任，对有失职、渎职及其他违法行为的，依法追究责任。

第四十八条 电子政务关键信息基础设施的运营者不履行本条例规定的网络安全保护义务的，依照《中华人民共和国网络安全法》有关规定予以处理。

第四十九条 违反本条例规定，给他人造成损害的，依法承担民事责任。

违反本条例规定，构成违反治安管理行为的，依法给予治安管理处罚；构成犯罪的，依法追究刑事责任。

第六章　附　　则

第五十条 存储、处理涉及国家秘密信息的关键信息基础设施的安全保护，还应当遵守保密法律、行政法规的规定。

关键信息基础设施中的密码使用和管理，还应当遵守相关法律、行政法规的规定。

第五十一条 本条例自2021年9月1日起施行。

中华人民共和国香港特别行政区维护国家安全法（节录）

（2020年6月30日第十三届全国人民代表大会常务委员会第二十次会议通过 2020年6月30日中华人民共和国主席令第49号公布 自公布之日起施行）

……

第十六条 香港特别行政区政府警务处设立维护国家安全的部门，配备执法力量。

警务处维护国家安全部门负责人由行政长官任命，行政长官任命前须书面征求本法第四十八条规定的机构的意见。警务处维护国家安全部门负责人在就职时应当宣誓拥护中华人民共和国香港特别行政区基本法，效忠中华人民共和国香港特别行政区，遵守法律，保守秘密。

警务处维护国家安全部门可以从香港特别行政区以外聘请合格的专门人员和技术人员，协助执行维护国家安全相关任务。

……

第十八条 香港特别行政区律政司设立专门的国家安全犯罪案件检控部门，负责危害国家安全犯罪案件的检控工作和其他相关法律事务。该部门检控官由律政司长征得香港特别行政区维护国家安全委员会同意后任命。

律政司国家安全犯罪案件检控部门负责人由行政长官任命，行政长官任命前须书面征求本法第四十八条规定的机构的意见。律政司国家安全犯罪案件检控部门负责人在就职时应当宣誓拥护中华人民共和国香港特别行政区基本法，效忠中华人民共和国香港特别行政区，遵守法律，保守秘密。

第十九条 经行政长官批准，香港特别行政区政府财政司长应当从政府一般收入中拨出专门款项支付关于维护国家安全的开支并核准所涉及的人员编制，不受香港特别行政区现行有关法律规定的限制。财政司长须每年就该款项的控制和管理向立法会提交报告。

……

第二十九条 为外国或者境外机构、组织、人员窃取、刺探、收买、非法提供涉及国家安全的国家秘密或者情报的；请求外国或者境外机构、组织、人员实施，与外国或者境外机构、组织、人员串谋实施，或者直接或者间接接受外国或者境外机构、组织、人员的指使、控制、资助或者其他形式的支援实施以下行为之一的，均属犯罪：

（一）对中华人民共和国发动战争，或者以武力或者武力相威胁，对中华人民共和国主权、统一和领土完整造成严重危害；

（二）对香港特别行政区政府或者中央人民政府制定和执行法律、政策进行严重阻挠并可能造成严重后果；

（三）对香港特别行政区选举进行操控、破坏并可能造成严重后果；

（四）对香港特别行政区或者中华人民共和国进行制裁、封锁或者采取其他敌对行动；

（五）通过各种非法方式引发香港特别行政区居民对中央人民政府或者香港特别行政区政府的憎恨并可能造成严重后果。

犯前款罪，处三年以上十年以下有期徒刑；罪行重大的，处无期徒刑或者十年以上有期徒刑。

本条第一款规定涉及的境外机构、组织、人员，按共同犯罪定罪处刑。

……

第四十一条 香港特别行政区管辖危害国家安全犯罪案件的立案侦查、检控、审判和刑罚的执行等诉讼程序事宜，适用本法和香港特别行政区本地法律。

未经律政司长书面同意，任何人不得就危害国家安全犯罪案件提出检控。但该规定不影响就有关犯罪依法逮捕犯罪嫌疑人并将其羁押，也不影响该等犯罪嫌疑人申请保释。

香港特别行政区管辖的危害国家安全犯罪案件的审判循公诉程序进行。

审判应当公开进行。因为涉及国家秘密、公共秩序等情形不宜公开审理的，禁止新闻界和公众旁听全部或者一部分审理程序，但判决结果应当一律公开宣布。

……

第四十三条　香港特别行政区政府警务处维护国家安全部门办理危害国家安全犯罪案件时，可以采取香港特别行政区现行法律准予警方等执法部门在调查严重犯罪案件时采取的各种措施，并可以采取以下措施：

（一）搜查可能存有犯罪证据的处所、车辆、船只、航空器以及其他有关地方和电子设备；

（二）要求涉嫌实施危害国家安全犯罪行为的人员交出旅行证件或者限制其离境；

（三）对用于或者意图用于犯罪的财产、因犯罪所得的收益等与犯罪相关的财产，予以冻结，申请限制令、押记令、没收令以及充公；

（四）要求信息发布人或者有关服务商移除信息或者提供协助；

（五）要求外国及境外政治性组织，外国及境外当局或者政治性组织的代理人提供资料；

（六）经行政长官批准，对有合理理由怀疑涉及实施危害国家安全犯罪的人员进行截取通讯和秘密监察；

（七）对有合理理由怀疑拥有与侦查有关的资料或者

管有有关物料的人员，要求其回答问题和提交资料或者物料。

香港特别行政区维护国家安全委员会对警务处维护国家安全部门等执法机构采取本条第一款规定措施负有监督责任。

授权香港特别行政区行政长官会同香港特别行政区维护国家安全委员会为采取本条第一款规定措施制定相关实施细则。

……

第四十六条 对高等法院原讼法庭进行的就危害国家安全犯罪案件提起的刑事检控程序，律政司长可基于保护国家秘密、案件具有涉外因素或者保障陪审员及其家人的人身安全等理由，发出证书指示相关诉讼毋须在有陪审团的情况下进行审理。凡律政司长发出上述证书，高等法院原讼法庭应当在没有陪审团的情况下进行审理，并由三名法官组成审判庭。

凡律政司长发出前款规定的证书，适用于相关诉讼的香港特别行政区任何法律条文关于“陪审团”或者“陪审团的裁决”，均应当理解为指法官或者法官作为事实裁断者的职能。

第四十七条 香港特别行政区法院在审理案件中遇有涉及有关行为是否涉及国家安全或者有关证据材料是否涉及国家秘密的认定问题，应取得行政长官就该等问题发出的证明书，上述证明书对法院有约束力。

……

第六十三条 办理本法规定的危害国家安全犯罪案件的有关执法、司法机关及其人员或者办理其他危害国家安全犯罪案件的香港特别行政区执法、司法机关及其人员，应当对办案过程中知悉的国家秘密、商业秘密和个人隐私予以保密。

担任辩护人或者诉讼代理人的律师应当保守在执业活动中知悉的国家秘密、商业秘密和个人隐私。

配合办案的有关机构、组织和个人应当对案件有关情况予以保密。

……

全国人民代表大会常务委员会关于《中华人民共和国香港特别行政区维护国家安全法》第十四条和第四十七条的解释

（2022年12月30日第十三届全国人民代表大会常务委员会第三十八次会议通过）

第十三届全国人民代表大会常务委员会第三十八次会议审议了《国务院关于提请解释〈中华人民共和国香港特别行政区维护国家安全法〉有关条款的议案》。国务院的议案是应香港特别行政区行政长官向中央人民政府提交的有关报告提出的。根据《中华人民共和国宪法》第六十七条第四项和《中华人民共和国香港特别行政区维护国家安全法》第六十五条的规定，全国人民代表大会常务委员会对《中华人民共和国香港特别行政区维护国家安全法》第十四条和第四十七条规定的含义和适用作如下解释：

一、根据《中华人民共和国香港特别行政区维护国家安全法》第十四条的规定，香港特别行政区维护国家安全委员会承担香港特别行政区维护国家安全的法定职责，有权对是否涉及国家安全问题作出判断和决定，工作信息不予公开。香港特别行政区维护国家安全委员会作出的决定不受司法复核，具有可执行的法律效力。香港特别行政区任何行政、立法、司法等机构和任何组织、个人均不得干涉香港特别行政区维护国家安全委员会的工作，均应当尊重并执行香港特别行政区维护国家安全委员会的决定。

二、根据《中华人民共和国香港特别行政区维护国家安全法》第四十七条的规定，香港特别行政区法院在审理危害国家安全犯罪案件中遇有涉及有关行为是否涉及国家安全或者有关证据材料是否涉及国家秘密的认定问题，应当向行政长官提出并取得行政长官就该等问题发出的证明书，上述证明书对法院有约束力。

三、香港特别行政区行政长官依据《中华人民共和国香港特别行政区维护国家安全法》第十一条的规定于 11 月 28 日向中央人民政府提交的有关报告认为，不具有香港特别行政区全面执业资格的海外律师担任危害国家安全犯罪案件的辩护人或者诉讼代理人可能引发国家安全风险。不具有香港特别行政区全面执业资格的海外律师是否可以担任危害国家安全犯罪案件的辩护人或者诉讼代理人的问题，属于《中华人民共和国香港特别行政区维护国家安全法》第四十七条所规定的需要认定的问题，应当取得行政长官发出的证明书。如香港特别行政区法院没有向行政长官提出并取得行政长官就该等问题发出的证明书，香港特别行政区维护国家安全委员会应当根据《中华人民共和国香港特别行政区维护国家安全法》第十四条的规定履行法定职责，对该等情况和问题作出相关判断和决定。

现予公告。

中华人民共和国刑法（节录）

（1979年7月1日第五届全国人民代表大会第二次会议通过　1997年3月14日第八届全国人民代表大会第五次会议修订　根据1998年12月29日第九届全国人民代表大会常务委员会第六次会议通过的《全国人民代表大会常务委员会关于惩治骗购外汇、逃汇和非法买卖外汇犯罪的决定》、1999年12月25日第九届全国人民代表大会常务委员会第十三次会议通过的《中华人民共和国刑法修正案》、2001年8月31日第九届全国人民代表大会常务委员会第二十三次会议通过的《中华人民共和国刑法修正案（二）》、2001年12月29日第九届全国人民代表大会常务委员会第二十五次会议通过的《中华人民共和国刑法修正案（三）》、2002年12月28日第九届全国人民代表大会常务委员会第三十一次会议通过的《中华人民共和国刑法修正案（四）》、2005年2月28日第十届全国人民代表大会常务委员会第十四次会议通过的《中华人民共和国刑法修正案（五）》、2006年6月29日第十届全国人民代表大会常务委员会第二十二次会议通过的《中华人民共和国刑法修正案（六）》、2009年2月28日第十一届全国人民代表大会常务委员会第七次会议通过的《中华人民共和国刑法修正案（七）》、2009年8月27日第十一届全国人民代表大会常务委员会第十次会议通过的《全国人民代表大会常务委员会关于修改部分法律的决定》、2011年2月25日第十一届全国人民代表大会常务委员会第十九次会议通过的《中华人民共和国刑法修正案（八）》、2015年8月29日第十二届全国人民代表大会常务委员会第十六次会议通过的《中华人民共和国刑法修正案（九）》、2017年11月4日第十二届全国人民代表大会常务委员会第三十次会议通过的《中华人民共和国刑法修正案

（十）》和2020年12月26日第十三届全国人民代表大会常务委员会第二十四次会议通过的《中华人民共和国刑法修正案（十一）》修正）①

……

第二编 分 则

第一章 危害国家安全罪

第一百零二条 勾结外国，危害中华人民共和国的主权、领土完整和安全的，处无期徒刑或者十年以上有期徒刑。

与境外机构、组织、个人相勾结，犯前款罪的，依照前款的规定处罚。

第一百零三条 组织、策划、实施分裂国家、破坏国家统一的，对首要分子或者罪行重大的，处无期徒刑或者十年以上有期徒刑；对积极参加的，处三年以上十年以下有期徒刑；对其他参加的，处三年以下有期徒刑、拘役、管制或者剥夺政治权利。

煽动分裂国家、破坏国家统一的，处五年以下有期徒

① 刑法、历次刑法修正案、涉及修改刑法的决定的施行日期，分别依据各法律所规定的施行日期确定。

刑、拘役、管制或者剥夺政治权利；首要分子或者罪行重大的，处五年以上有期徒刑。

第一百零四条 组织、策划、实施武装叛乱或者武装暴乱的，对首要分子或者罪行重大的，处无期徒刑或者十年以上有期徒刑；对积极参加的，处三年以上十年以下有期徒刑；对其他参加的，处三年以下有期徒刑、拘役、管制或者剥夺政治权利。

策动、胁迫、勾引、收买国家机关工作人员、武装部队人员、人民警察、民兵进行武装叛乱或者武装暴乱的，依照前款的规定从重处罚。

第一百零五条 组织、策划、实施颠覆国家政权、推翻社会主义制度的，对首要分子或者罪行重大的，处无期徒刑或者十年以上有期徒刑；对积极参加的，处三年以上十年以下有期徒刑；对其他参加的，处三年以下有期徒刑、拘役、管制或者剥夺政治权利。

以造谣、诽谤或者其他方式煽动颠覆国家政权、推翻社会主义制度的，处五年以下有期徒刑、拘役、管制或者剥夺政治权利；首要分子或者罪行重大的，处五年以上有期徒刑。

第一百零六条 与境外机构、组织、个人相勾结，实施本章第一百零三条、第一百零四条、第一百零五条规定之罪的，依照各该条的规定从重处罚。

第一百零七条 境内外机构、组织或者个人资助实施本章第一百零二条、第一百零三条、第一百零四条、第一百零五条规定之罪的，对直接责任人员，处五年以下有期徒刑、拘役、管制或者剥夺政治权利；情节严重的，处五年以上有期徒刑。

第一百零八条 投敌叛变的，处三年以上十年以下有期徒刑；情节严重或者带领武装部队人员、人民警察、民兵投敌叛变的，处十年以上有期徒刑或者无期徒刑。

第一百零九条 国家机关工作人员在履行公务期间，擅离岗位，叛逃境外或者在境外叛逃的，处五年以下有期徒刑、拘役、管制或者剥夺政治权利；情节严重的，处五年以上十年以下有期徒刑。

掌握国家秘密的国家工作人员叛逃境外或者在境外叛逃的，依照前款的规定从重处罚。

第一百一十条 有下列间谍行为之一，危害国家安全的，处十年以上有期徒刑或者无期徒刑；情节较轻的，处三年以上十年以下有期徒刑：

（一）参加间谍组织或者接受间谍组织及其代理人的任务的；

（二）为敌人指示轰击目标的。

第一百一十一条 为境外的机构、组织、人员窃取、刺探、收买、非法提供国家秘密或者情报的，处五年以上十年以下有期徒刑；情节特别严重的，处十年以上有期徒刑或者无期徒刑；情节较轻的，处五年以下有期徒刑、拘役、管制或者剥夺政治权利。

第一百一十二条 战时供给敌人武器装备、军用物资资敌的，处十年以上有期徒刑或者无期徒刑；情节较轻的，处三年以上十年以下有期徒刑。

第一百一十三条 本章上述危害国家安全罪行中，除第一百零三条第二款、第一百零五条、第一百零七条、第一百零九条外，对国家和人民危害特别严重、情节特别恶劣的，可以判处死刑。

犯本章之罪的，可以并处没收财产。

……

中华人民共和国刑事诉讼法（节录）

（1979年7月1日第五届全国人民代表大会第二次会议通过 根据1996年3月17日第八届全国人民代表大会第四次会议《关于修改〈中华人民共和国刑事诉讼法〉的决定》第一次修正 根据2012年3月14日第十一届全国人民代表大会第五次会议《关于修改〈中华人民共和国刑事诉讼法〉的决定》第二次修正 根据2018年10月26日第十三届全国人民代表大会常务委员会第六次会议《关于修改〈中华人民共和国刑事诉讼法〉的决定》第三次修正）

……

第四条 国家安全机关依照法律规定，办理危害国家安全的刑事案件，行使与公安机关相同的职权。

……

第二十一条 中级人民法院管辖下列第一审刑事案件：

（一）危害国家安全、恐怖活动案件；

（二）可能判处无期徒刑、死刑的案件。

……

第三十九条 辩护律师可以同在押的犯罪嫌疑人、被告人会见和通信。其他辩护人经人民法院、人民检察院许可，也可以同在押的犯罪嫌疑人、被告人会见和通信。

辩护律师持律师执业证书、律师事务所证明和委托书或者法律援助公函要求会见在押的犯罪嫌疑人、被告人的，看守所应当及时安排会见，至迟不得超过四十八小时。

危害国家安全犯罪、恐怖活动犯罪案件，在侦查期间辩护律师会见在押的犯罪嫌疑人，应当经侦查机关许可。上述案件，侦查机关应当事先通知看守所。

辩护律师会见在押的犯罪嫌疑人、被告人，可以了解案件有关情况，提供法律咨询等；自案件移送审查起诉之日起，可以向犯罪嫌疑人、被告人核实有关证据。辩护律师会见犯罪嫌疑人、被告人时不被监听。

辩护律师同被监视居住的犯罪嫌疑人、被告人会见、通信，适用第一款、第三款、第四款的规定。

……

第四十八条 辩护律师对在执业活动中知悉的委托人

的有关情况和信息，有权予以保密。但是，辩护律师在执业活动中知悉委托人或者其他人，准备或者正在实施危害国家安全、公共安全以及严重危害他人人身安全的犯罪的，应当及时告知司法机关。

……

第六十四条 对于危害国家安全犯罪、恐怖活动犯罪、黑社会性质的组织犯罪、毒品犯罪等案件，证人、鉴定人、被害人因在诉讼中作证，本人或者其近亲属的人身安全面临危险的，人民法院、人民检察院和公安机关应当采取以下一项或者多项保护措施：

（一）不公开真实姓名、住址和工作单位等个人信息；

（二）采取不暴露外貌、真实声音等出庭作证措施；

（三）禁止特定的人员接触证人、鉴定人、被害人及其近亲属；

（四）对人身和住宅采取专门性保护措施；

（五）其他必要的保护措施。

证人、鉴定人、被害人认为因在诉讼中作证，本人或者其近亲属的人身安全面临危险的，可以向人民法院、人民检察院、公安机关请求予以保护。

人民法院、人民检察院、公安机关依法采取保护措施，有关单位和个人应当配合。

……

第七十五条 监视居住应当在犯罪嫌疑人、被告人的住处执行；无固定住处的，可以在指定的居所执行。对于涉嫌危害国家安全犯罪、恐怖活动犯罪，在住处执行可能有碍侦查的，经上一级公安机关批准，也可以在指定的居所执行。但是，不得在羁押场所、专门的办案场所执行。

指定居所监视居住的，除无法通知的以外，应当在执行监视居住后二十四小时以内，通知被监视居住人的家属。

被监视居住的犯罪嫌疑人、被告人委托辩护人，适用本法第三十四条的规定。

人民检察院对指定居所监视居住的决定和执行是否合法实行监督。

……

第八十一条 对有证据证明有犯罪事实，可能判处徒刑以上刑罚的犯罪嫌疑人、被告人，采取取保候审尚不足以防止发生下列社会危险性的，应当予以逮捕：

（一）可能实施新的犯罪的；

（二）有危害国家安全、公共安全或者社会秩序的现实危险的；

（三）可能毁灭、伪造证据，干扰证人作证或者串供的；

（四）可能对被害人、举报人、控告人实施打击报复的；

（五）企图自杀或者逃跑的。

批准或者决定逮捕，应当将犯罪嫌疑人、被告人涉嫌犯罪的性质、情节，认罪认罚等情况，作为是否可能发生社会危险性的考虑因素。

对有证据证明有犯罪事实，可能判处十年有期徒刑以上刑罚的，或者有证据证明有犯罪事实，可能判处徒刑以上刑罚，曾经故意犯罪或者身份不明的，应当予以逮捕。

被取保候审、监视居住的犯罪嫌疑人、被告人违反取保候审、监视居住规定，情节严重的，可以予以逮捕。

……

第八十五条 公安机关拘留人的时候，必须出示拘留证。

拘留后，应当立即将被拘留人送看守所羁押，至迟不得超过二十四小时。除无法通知或者涉嫌危害国家安全犯罪、恐怖活动犯罪通知可能有碍侦查的情形以外，应当在拘留后二十四小时以内，通知被拘留人的家属。有碍侦查的情形消失以后，应当立即通知被拘留人的家属。

……

第一百五十条 公安机关在立案后，对于危害国家安全犯罪、恐怖活动犯罪、黑社会性质的组织犯罪、重大毒品犯罪或者其他严重危害社会的犯罪案件，根据侦查犯罪的需要，经过严格的批准手续，可以采取技术侦查措施。

人民检察院在立案后，对于利用职权实施的严重侵犯公民人身权利的重大犯罪案件，根据侦查犯罪的需要，经过严格的批准手续，可以采取技术侦查措施，按照规定交有关机关执行。

追捕被通缉或者批准、决定逮捕的在逃的犯罪嫌疑人、被告人，经过批准，可以采取追捕所必需的技术侦查措施。

……

第五编 特别程序

……

第三章 缺席审判程序

第二百九十一条 对于贪污贿赂犯罪案件，以及需要及时进行审判，经最高人民检察院核准的严重危害国家安全犯罪、恐怖活动犯罪案件，犯罪嫌疑人、被告人在境外，监察机关、公安机关移送起诉，人民检察院认为犯罪事实已经查清，证据确实、充分，依法应当追究刑事责任的，可以向人民法院提起公诉。人民法院进行审查后，对于起诉书中有明确的指控犯罪事实，符合缺席审判程序适用条件的，应当决定开庭审判。

前款案件，由犯罪地、被告人离境前居住地或者最高人民法院指定的中级人民法院组成合议庭进行审理。

第二百九十二条 人民法院应当通过有关国际条约规定的或者外交途径提出的司法协助方式，或者被告人所在地法律允许的其他方式，将传票和人民检察院的起诉书副本送达被告人。传票和起诉书副本送达后，被告人未按要求到案的，人民法院应当开庭审理，依法作出判决，并对违法所得及其他涉案财产作出处理。

第二百九十三条 人民法院缺席审判案件，被告人有权委托辩护人，被告人的近亲属可以代为委托辩护人。被告人及其近亲属没有委托辩护人的，人民法院应当通知法律援助机构指派律师为其提供辩护。

第二百九十四条 人民法院应当将判决书送达被告人及其近亲属、辩护人。被告人或者其近亲属不服判决的，有权向上一级人民法院上诉。辩护人经被告人或者其近亲属同意，可以提出上诉。

人民检察院认为人民法院的判决确有错误的，应当向上一级人民法院提出抗诉。

第二百九十五条 在审理过程中，被告人自动投案或者被抓获的，人民法院应当重新审理。

罪犯在判决、裁定发生法律效力后到案的，人民法院应当将罪犯交付执行刑罚。交付执行刑罚前，人民法院应当告知罪犯有权对判决、裁定提出异议。罪犯对判决、裁定提出异议的，人民法院应当重新审理。

依照生效判决、裁定对罪犯的财产进行的处理确有错误的，应当予以返还、赔偿。

第二百九十六条 因被告人患有严重疾病无法出庭，中止审理超过六个月，被告人仍无法出庭，被告人及其法定代理人、近亲属申请或者同意恢复审理的，人民法院可以在被告人不出庭的情况下缺席审理，依法作出判决。

第二百九十七条 被告人死亡的，人民法院应当裁定终止审理，但有证据证明被告人无罪，人民法院经缺席审理确认无罪的，应当依法作出判决。

人民法院按照审判监督程序重新审判的案件，被告人死亡的，人民法院可以缺席审理，依法作出判决。

……

国家安全机关公布一批危害国家安全典型案例（节录）[①]

……

警惕“国门”之外的圈套陷阱

随着中国日益走近世界舞台中央，我们与世界的联系更加紧密，中国公民出国学习、工作、旅游也越来越方便。然而，“国门”之外不仅有异域风情、美景美食，境外间谍情报机关也看准一些人出国后放松心理戒备的时机，趁机设置圈套陷阱，对我国公民人身安全造成威胁，给我国家安全和利益带来了风险隐患。

赵学军是一名航天领域的科研人员，在赴国外大学做访问学者期间，被境外间谍情报机关人员一步步拉拢策反，出卖科研进展情况，严重危害我国家安全。起初，对方只是约他吃饭出游、赠送礼物。随着双方关系拉近，对方不时向他询问一些敏感问题，并支付不菲的咨询费用。

① 参见《国家安全机关公布一批危害国家安全典型案例》，载中国长安网，http：//www. chinapeace. gov. cn/chinapeace/c100007/2023－04/14/content_ 12649192. shtml，最后访问日期：2023 年 4 月 24 日。

赵学军临近回国前，对方向他亮明了间谍情报机关人员身份，将赵学军策反。随后，该国间谍情报机关为赵学军配备了专用U盘和网站，用于下达任务指令和回传情报信息。赵学军访学结束回国后，在国内多地继续与该国间谍情报机关人员多次见面，通过当面交谈及专用网站传递等方式向对方提供了大量涉密资料，并以现金形式收受间谍经费。不久后，赵学军的间谍行为引起了国家安全机关注意。2019年6月，北京市国家安全机关依法对赵学军采取强制措施。2022年8月，人民法院以间谍罪判处赵学军有期徒刑7年，剥夺政治权利3年，并处没收个人财产人民币20万元。

上述案例中，赵学军是因航天领域专家的身份被境外间谍情报机关重点关注，进而拉拢策反。与此类案件所不同的是，近年来，国家安全机关工作掌握，境外一些组织机构利用个别人对外国生活的向往，诱骗我国公民至国外，逼迫其从事污蔑抹黑我国家形象的活动，严重危害了我国家安全和公民人身安全。

河北省国家安全机关工作发现，郑富兴和王培月是一家境外所谓“移民服务公司”的境内骨干成员。该公司以“正常渠道移民”为幌子，在我国境内招揽客户，号称仅需10万元“办证费”即可办理移民手续。该团伙通过办理旅游签证等方式，将“客户”运作出国。等到“客户”顺利抵达国外后，该团伙才暴露出真实嘴脸。他们通过威逼利诱等方式，要求“客户”伪造包括户口本、拘传证、强制堕胎证明在内的各类“证件文书”，公开宣称自己“在国内遭受迫害”，以“无中生有”的所谓“罪证”造谣抹黑我国家形象。随后，该团伙还会以“政治避难代办费”等各种名义向“客户”不断索要费用。“客户”当中的许多人最终因交不起费用，被该团伙抛弃，在家人的接济下艰难返回国内。2021 年 10 月，河北省国家安全机关依法对郑富兴、王培月采取强制措施。2022 年 5 月，人民法院分别判处郑富兴、王培月有期徒刑 3 年 9 个月、3 年 6 个月。

无论是因蝇头小利逐渐落入圈套，还是以“移民美梦”诱骗利用他人，这些为个人私利损害国家利益、危害国家安全的行为，最终也使自己付出了惨痛代价。国家安全机关提示，国门之外非法外之地，无论身处何处，维护国家安全都是每一个中国公民应尽的责任和义务。

认清网络伪装背后的违法犯罪

“用社交网络来生活，用生活来维系社交网络”日益成为当下人们生活的真实写照。全世界的人通过互联网联系起来，社交网络正强烈影响着人们的现实生活。我们在享受社交网络带来的身心愉悦、生活便利的同时，也应提高防范意识，警惕别有用心之人利用网络技术伪装身份，以“交友”“咨询”“兼职”等名义搜集情报，或以博人眼球的方式造谣生事甚至危害国家安全。

韩潇是新疆某地的一名普通基层公务员。2016 年 12 月，韩潇赴外地旅游期间，通过手机交友软件与当地一网友结识，相谈甚欢。回到家中后，韩潇经常在网上向对方分享自己的生活，并不时抱怨自己的工资太低。对方随即向韩潇介绍，称自己的堂哥“陈逸”能够提供兼职，帮助其赚取外快。随后，“陈逸”添加韩潇为微信好友，并要求韩潇提供当地的一些敏感信息，并承诺支付报酬。韩潇应允后，“陈逸”进一步以金钱为诱惑，指挥韩潇搜集党政机关涉密文件。对方对韩潇提供的文件资料极为重视，为确保安全，专门对韩潇进行了间谍培训，教授其沟通联络、传递情报的具体手法，并派专人向韩潇提供经费以及手机、SIM 卡等通联工具。此时，韩潇在已经明知对方系境外间谍情报机关人员的情况下，为获取高额报酬，仍铤而走险继续搜集提供涉密文件。案发后，人民法院审理查明，韩潇先后向对方提供文件资料 19 份，其中机密级文件 6 份，秘密级文件 8 份，被鉴定为情报的资料 5 份，累计收取间谍经费 12 万余元。2019 年 3 月，韩潇因犯间谍罪被判处有期徒刑 11 年 6 个月，剥夺政治权利 4 年，并处没收个人财产 5 万元人民币。

“人人都有麦克风的时代”催生了“网红”群体。他们当中的佼佼者以传播正能量为己任，以独特的创意为载体，激发了互联网的新兴生命力。然而，也有一部分人以博人眼球、毫无底线的方式吸引关注，甚至突破法律底线，编造谎言抹黑国家和政府，造成恶劣影响，后果十分严重。

江苏省国家安全机关工作发现，2020 年 6 月以来，张某一人假扮 8 名缅甸籍人员，在境外社交媒体网站开通数个账号，介绍国外日常生活、风土人情，发布 2 万余条贴文，吸引了数万粉丝关注。为了维持其虚假“人设”，张某恶意编造了大量耸人听闻的虚假消息和谣言，引发网民恐慌，造成恶劣影响。在吸引大量粉丝后，张某频繁以造谣、诽谤的方式，发布抹黑我国家形象、攻击党和政府的贴文，甚至煽动教唆他人以暴力方式推翻我国家政权，影响非常恶劣。在充分掌握张某违法犯罪证据后，2022 年 2 月，国家安全机关依法对张某采取强制措施。

再“精心”的策划和虚假的伪装，也无法掩盖危害国家安全违法犯罪行为的本质。国家安全机关提醒，互联网不是逃避法律责任的“飞地”，任何利用网络窃取国家秘密、制造传播谣言、危害国家安全的行为，都必将受到法律的严惩。清朗的网络空间需要依法治理，更需要我们每一个人的共同努力。

识破非传统领域危害国家安全行为

随着我国综合国力的不断提升，境外间谍情报机关及反华敌对势力危害我国家安全的行为已经不再局限于传统安全领域。非传统安全领域的敌情形势，也给我国经济社会安全平稳发展带来风险隐患。一些组织和人员，打着境外非政府组织、调查咨询公司、高科技公司等旗号，从经济、生物、科技等领域入手，妄图在我国人权、产业链、供应链等领域“作文章”，给我国国家安全造成了危害。

李某是广东深圳一家咨询公司的负责人，他所经营的公司主要为境外公司提供供应链风险审核服务。为获得更多为境外企业服务的机会，几年前，李某的公司与境外非政府组织开展了合作。合作过程中，李某慢慢发现，这个非政府组织的态度渐渐发生了变化，他们对中国企业的审核标准越来越细，特别是针对所谓“新疆劳工”等内容提出了新的审核要求。尽管李某已经发觉，该境外非政府组织积极搜集所谓新疆“人权问题”的信息，是为了炮制“强迫劳动”谎言，为西方反华势力操弄涉疆问题、实施涉疆制裁提供“背书”，但为了追求经济利益，他们仍然承接执行了相关调查项目，给我国国家安全和利益带来了风险隐患。广东省国家安全机关依据《中华人民共和国反间谍法》《中华人民共和国反间谍法实施细则》《反间谍安全防范工作规定》对李某予以处罚，并责令其公司实施整改。

近年来，一些背景复杂的境外非政府组织不断发展壮大，逐渐掌握了某些行业的国际准入标准。他们利用在行业内的特殊地位，对我国相关企业施加影响，对我国政治安全、经济安全，特别是产业链、供应链等重要领域造成了危害。与此同时，还有一些境外组织和人员，以“友善面孔”接近我国公民，以不易察觉的伪装实施危害国家安全行为，对传统安全和非传统安全均构成了严重威胁。

2019 年 8 月，辽宁大连的海参养殖户张先生向国家安全机关举报称，两个月前，他的养殖场迎来了几名“不速之客”。黄某带领数名外籍人员，以“免费安装海水质量监测设备”为名，在张先生的海参养殖场安装了海洋水文监测设备和海空监控摄录设备。此后，张先生逐渐发现，水文监测设备的数据被源源不断地传输至境外，且很多数据与海参养殖并无关系，那些海空监控摄录设备对海参养殖更是毫无意义。张先生感觉情况可疑，便拨打 12339 向国家安全机关进行了举报。经鉴定，境外人员在我国海域非法安装的监测设备，观测范围涉及我国空中军事行动区域，可以对我国非开放海域潮汐、海流等重要敏感数据进行实时监测，对我国海洋权益及军事安全构成严重威胁。根据举报信息，辽宁省国家安全机关对黄某及数名外籍人员依法采取强制措施，并收缴了监测设备。黄某等人如实交代了非法窃取我国海洋水文数据和海空军事影像的违法犯罪事实。

当前，传统安全和非传统安全威胁叠加交织，对国家安全工作提出了更高的要求。一些危害国家安全的违法犯罪行为更加隐蔽，企业和个人稍不注意就会被利用。国家安全机关提示，广大人民群众应增强国家安全意识，时刻提高警惕，一旦发现危害国家安全的可疑情况，及时拨打国家安全机关举报受理电话12339进行举报。国家安全人人有责，只有全民携手共进，才能筑起坚不可摧的国家安全人民防线。

国家安全机关公布典型案例（节录）[①]

……

关键信息基础设施领域遭网络攻击窃密

2020年以来，国家安全机关工作发现，我国有关电信运营商、航空公司等单位内网和信息系统先后多次出现越权登录、数据外传等异常网络行为，疑似遭受网络攻击。国家安全机关依法开展技术检查，确认部分骨干网络节点设备、核心业务系统服务器等被植入特种木马程序，已有部分数据被发送至境外。通过进一步深入调查证实，相关攻击活动是由某境外间谍情报机关精心策划、秘密实施的。该机构调集强力网络攻击力量，使用全球多地网络资源和先进网络武器，妄图实现对我国关键信息基础设施战

① 参见《餐厅老板竟故意泄露国家秘密！国家安全机关公布典型案例》，载中国长安网，http：//www. chinapeace. gov. cn/chinapeace/c100007/2022 - 04/16/content _ 12617280. shtml，最后访问日期：2023年4月24日。

略控制的目的。

针对上述案情，国家安全机关指导相关单位，立即采取有效措施，清除特种木马程序，堵塞技术漏洞，调整安全策略，加固网络防护，及时制止了危害蔓延。同时，对该境外间谍情报机关后续对我国实施的网络攻击行为，进行全天候跟踪监测和定向打击，及时发布预警信息，有效阻断通信链路，清除危害源头，成功粉碎其对我国“停服断网”图谋。

12339 举报电话受理多条自首线索

近年来，国家安全机关持续加大国家安全法律法规和12339举报受理电话宣传力度。随着宣传教育的不断深入，公民自觉主动举报危害国家安全线索显著增多，其中有一些是悬崖勒马、主动自首的情况。在我国某重要军事基地周边，2021年1月至6月间，先后有4人主动向国家安全机关自首。其中2人是被他人“引荐”给境外间谍情报机关，另外2人是在使用某知名网络交友软件时被境外间谍情报机关实施了网络勾连。

吴某某，被朋友“引荐”给境外间谍情报机关后，按对方要求搜集了当地公告、交通管制信息等情况，并获取了对方给予的报酬。后来，因对方提出需要他想办法搜集“红头文件”，他才意识到对方可能是间谍，于2021年1

月拨打 12339 自首。

沈某某，是一名退役军人，退役后以开私家车载客为兼职。一名受雇于境外间谍情报机关，在我国境内开展工作的人员搭乘其私家车进行观测时，将沈某某“引荐”了给境外间谍。对方认为沈某某具备观测军事目标的条件，于是对他实施了勾连，并部署搜集情报的任务。后来，沈某某发觉对方要求拍照的地点都是敏感的军事基地周边，意识到对方可能是境外间谍，于 2021 年 5 月主动向国家安全机关自首。

陈某某，在使用某网络交友软件时被境外间谍勾连。他执行了对方布置的观测任务并收受了报酬，后在家人劝说下，于 2021 年 1 月拨打 12339 自首。孙某某，同样在使用该交友软件时，被境外间谍网络勾连。对方要求他查看当地部队发布的道路管制公告、录制军事目标视频。孙某某认为对方的行为与新闻报道中的间谍行为很吻合，于 2021 年 6 月向国家安全机关自首。

鉴于 4 人主动向国家安全机关自首，且未造成实质性危害，当地国家安全机关依法免于处罚，没收其违法所得，并进行了教育训诫。

故意泄露国家安全机关工作秘密

2021 年 3 月，因工作需要，国家安全机关多次前往北京市西城区某餐厅开展工作，依法要求该餐厅副经理黄某某配合调查，同时告知其保守秘密的义务。不久后，国家安全机关工作发现，该餐厅配合调查的情况疑似被其他人员知悉掌握，给后续工作开展带来了严重不利影响。国家安全机关随即对这一情况进行了深入调查。通过进一步调查取证，证实了黄某某涉嫌泄露有关反间谍工作的国家秘密。

经鉴定，黄某某泄露内容系秘密级国家秘密。在确凿的证据面前，黄某某如实交代，其在明确被告知应保守国家秘密的前提下，先后两次故意对外泄露国家安全机关依法开展工作的情况。此外，在国家安全机关此前依法要求黄某某配合调查时，他还对办案人员故意隐瞒了其所知悉的情况。针对以上违法事实，根据《中华人民共和国反间谍法》第三十一条之规定，2021 年 6 月 17 日，国家安全机关对黄某某处以行政拘留十五日的处罚。

《中华人民共和国国家安全法》第七十七条规定，公民和组织应当履行下列维护国家安全的义务：一是遵守宪法、法律法规关于国家安全的有关规定；二是及时报告危害国家安全活动的线索；三是如实提供所知悉的涉及危害国家安全活动的证据；四是为国家安全工作提供便利条件或者其他协助；五是向国家安全机关、公安机关和有关军事机关提供必要的支持和协助；六是保守所知悉的国家秘密；七是法律、行政法规规定的其他义务。

国家安全机关提醒，维护国家安全没有“局外人”，每个人都应该参与其中，贡献一份力量。国家越安全，人民就越有安全感；人民越有安全意识，国家安全也就越有依靠。

最高人民检察院发布4起检察机关依法惩治危害国家安全犯罪典型案例（节录）[①]

（2022年4月16日）

检察机关通过办案发现，近年来，随着互联网科技的迅速发展，网络招聘、网络交友等社交软件成了境外敌对势力渗透的温床，其利用网络发布高薪兼职信息，宣称“兼职技术含量不高、工作时间灵活、且报酬优厚”，极具诱惑性和误导性，网络求职者就业需求强烈，加之对国家安全知识缺乏了解，在“高报酬”的诱使下极易成为境外不法分子的“猎物”。尤其是学生、务工人员以及无业青年，他们大多在网络求职期间或者使用社交软件交友期间易被境外人员策反利用。

……

---

① 参见《检察机关依法惩治危害国家安全犯罪典型案例》，载最高人民检察院官网，https：//www. spp. gov. cn/xwfbh/wsfbt/202204/t20220416 _ 554500. shtml # 1，最后访问日期：2023年4月24日。

1. 陈某某为境外刺探、非法提供国家秘密案

被告人陈某某系某职业技术学院学生。2020 年 2 月中旬，陈某某通过“探探”APP 平台结识了境外人员“涵”。陈某某在明知“涵”是境外人员的情况下，为获取报酬，于 2020 年 3 月至 2020 年 7 月间，按照“涵”的要求，多次前往军港等军事基地，观察、搜集、拍摄涉军装备及部队位置等信息，并通过微信、坚果云、rocket. chat 等软件发送给“涵”。陈某某先后收受“涵”通过微信、支付宝转账的报酬共计人民币 1 万余元以及鱼竿、卡西欧手表等财物。经密级鉴定，陈某某发送给“涵”的图片涉及 1 项机密级军事秘密、2 项秘密级军事秘密和 2 项内部事项。

最终，陈某某因犯为境外刺探、非法提供国家秘密罪被判处有期徒刑六年，剥夺政治权利二年，并处没收个人财产人民币一万元。

2. 黄某某为境外刺探、非法提供国家秘密案

黄某某，案发前系婚纱摄影师。2019 年 7 月，被告人黄某某通过微信聊天与境外人员“琪姐”结识。在“琪姐”的指示下，于 2019 年 7 月至 2020 年 5 月间，黄某某利用在某军港附近海滩从事婚纱摄影的便利，使用专业照

相器材、手机等远景拍摄军港周边停泊的军舰，为了避免暴露自己，黄某某还采用欺骗、金钱引诱等方式委托他人为自己拍摄该军港附近海湾全景。黄某某以每周 2 到 3 次的频率，累计拍摄达 90 余次，其中涉及军港军舰照片 384 张。黄某某将拍摄的照片通过网络以共用网盘、群组共享等方式发送给境外人员“琪姐”，共收取对方提供的报酬人民币 4 万余元。经鉴定，涉案照片涉及绝密级秘密 3 项，机密级秘密 2 项。

最终，黄某某因犯为境外刺探、非法提供国家秘密罪被判处有期徒刑十四年，剥夺政治权利五年，并处没收个人财产人民币四万元。

3. 吴某某间谍案

被告人吴某某，男，案发前系某机场航务与运行管理部运行指挥员。2020 年 7 月，被告人吴某某通过自己及其姐姐、哥哥等人的闲鱼账号在“闲鱼”软件承接跑腿业务，某间谍组织代理人“鱼总”通过“闲鱼”软件的自动回复号码搜索添加了被告人吴某某的微信。后吴某某在金钱诱惑下被“鱼总”发展，并接受其要求吴某某提供政府机关重要人员到某机场的行程信息，被告人吴某某利用自己在该机场运行管理部担任运行指挥员的便利，多次刺探、截获政府机关重要人员的行程信息，并通过境外聊天软件发送给“鱼总”，共收取“鱼总”提供的间谍经费人民币2.6万余元。经鉴定，被告人吴某某为间谍组织代理人“鱼总”提供的信息涉1项机密级军事秘密，2项秘密级军事秘密。

最终，吴某某因犯间谍罪被判处有期徒刑十三年，剥夺政治权利四年。

……

最高人民法院发布全民国家安全教育典型案例及相关法律规定（节录）[①]

（2019年4月15日）

……

黄某某为境外刺探、非法提供国家秘密案

被告人黄某某通过QQ与一位境外人员结识，后多次按照对方要求到军港附近进行观测，采取望远镜观看、手机拍摄等方式，搜集军港内军舰信息，整编后传送给对方，以获取报酬。至案发，黄某某累计向境外人员报送信息90余次，收取报酬5.4万元。经鉴定，黄某某向境外人

① 参见《全民国家安全教育典型案例及相关法律规定》，载最高人民法院官网，https：//www.court.gov.cn/zixun-xiangqing-151722.html，2023年4月24日。

员提供的信息属1项机密级军事秘密。

法院认为，被告人黄某某无视国家法律，接受境外人员指使，积极为境外人员刺探、非法提供国家秘密，其行为已构成为境外刺探、非法提供国家秘密罪。依照《中华人民共和国刑法》相关规定，对黄某某以为境外刺探、非法提供国家秘密罪判处有期徒刑五年，剥夺政治权利一年，并处没收个人财产人民币5万元。

……

最高人民法院发布5起平安中国建设第一批典型案例（节录）①

李某某资助危害国家安全犯罪活动案

（一）基本案情

李某某，曾用名李某祥，男，1955年出生于上海，后加入伯利兹籍，但长期在国内经商。2009年，李某某在某西方大国参加一场反华活动时，结识了反华分子杨某某。此后，李某某在明知杨某某从事危害我国国家安全犯罪活

① 参见《最高法发布平安中国建设第一批典型案例》，载最高人民法院官网，https：//www.court.gov.cn/zixun-xiangqing-339541.html，最后访问日期：2023年4月24日。

动的情况下，长期资助杨某某实施相关犯罪活动。其中，2016年至2019年，李某某以现金或者支票方式资助杨某某10余万美元，折合人民币100余万元。

一审法院判决：李某某犯资助危害国家安全犯罪活动罪，判处有期徒刑十一年，并处没收个人财产人民币二百万元。一审宣判后，李某某提出上诉。二审法院裁定：驳回上诉，维持原判。

（二）裁判理由

根据刑法第一百零七条，资助危害国家安全犯罪活动罪，是指境内外机构、组织或者个人资助实施背叛国家、分裂国家、煽动分裂国家、武装叛乱、暴乱、颠覆国家政权、煽动颠覆国家政权的行为。背叛国家、分裂国家、煽动分裂国家、武装叛乱、暴乱、颠覆国家政权、煽动颠覆国家政权的行为都是对国家安全具有重大危害的犯罪，对这些危害国家安全的犯罪活动进行资助，实际上就是帮助犯，资助行为与被资助的危害国家安全犯罪活动侵害的目标是一致的，都是国家安全。本罪的犯罪主体为境内外机构、组织或者个人，实际上是一般主体，不仅包括境内机构、组织、个人，而且包括境外机构、组织、个人。刑法第六条规定，凡在中华人民共和国领域内犯罪的，除法律有特别规定的以外，都适用中国刑法；犯罪的行为或者结果有一项发生在中华人民共和国领域内的，就认为是在中华人民共和国领域内犯罪。资助危害国家安全犯罪活动，无论资助行为发生在国内还是国外，因资助的结果发生在中国领域内，所以属于在中国领域内犯罪，适用中国刑法。

本案中，被告人李某某明知杨某某在境外实施危害我国国家安全的犯罪活动仍向杨某某提供资助，资助杨某某实施了一系列危害我国国家安全的犯罪活动，给我国的国家安全造成严重危害，其行为符合刑法规定的资助危害国家安全犯罪活动罪的构成要件，依法应以资助危害国家安全犯罪活动罪定罪处罚。

（三）典型意义

李某某资助危害国家安全犯罪活动案，是近年来人民法院审理的一起典型危害国家安全犯罪案件。李某某出生在中国，生意在中国，却资助境外反华分子实施危害我国国家安全的犯罪活动，属于典型的吃中国饭砸中国碗的内奸。案件的依法审理，传递出国家安全不容侵犯的坚决态度：不管是谁，只要触犯了中华人民共和国刑法，危害到了我国国家安全，都将依法追究其刑事责任。

《国家安全法》第十一条第一款规定："中华人民共和国公民、一切国家机关和武装力量、各政党和各人民团体、企业事业组织和其他社会组织，都有维护国家安全的责任和义务。"维护国家安全，人人有责，也必须人人负责、人人尽责。公民和组织应当切实履行维护国家安全的义务，及时报告危害国家安全活动的线索，保守所知悉的国家秘密，为国家安全工作提供便利条件或者其他协助等。机关、人民团体、企业事业组织和其他社会组织应当对本单位的人员进行维护国家安全的教育，动员、组织本单位的人员防范、制止危害国家安全的行为。

国家安全是安邦定国的重要基石，维护国家安全是全国各族人民根本利益所在。人民法院作为审判机关，肩负着维护国家安全和社会稳定的神圣使命。近年来，人民法院坚决贯彻党中央决策部署，忠实履行刑事审判职责，依法坚决打击危害国家安全犯罪，为维护国家安全提供了坚强有力的司法保障。新时代新征程，人民法院将全面贯彻总体国家安全观，依法严厉打击敌对势力渗透、破坏、颠覆、分裂活动，坚决捍卫国家政治安全特别是政权安全、制度安全。

……

图书在版编目（CIP）数据

全民反间谍安全防范手册：大字版/中国法制出版社编．—北京：中国法制出版社，2023. 5

ISBN 978-7-5216-3492-1

Ⅰ. ①全… Ⅱ. ①中… Ⅲ. ①国家安全法-中国-手册 Ⅳ. ①D922. 144

中国国家版本馆 CIP 数据核字（2023）第 067572 号

责任编辑：张　僚　　　　封面设计：蒋　怡

全民反间谍安全防范手册：大字版

QUANMIN FANJIANDIE ANQUAN FANGFAN SHOUCE：DAZIBAN

经销/新华书店

印刷/三河市紫恒印装有限公司

开本/850 毫米×1168 毫米　32 开　　　　印张/ 10　字数/ 157 千

版次/2023 年 5 月第 1 版　　　　2023 年 5 月第 1 次印刷

中国法制出版社出版

书号 ISBN 978-7-5216-3492-1　　　　定价：30. 00 元

北京市西城区西便门西里甲 16 号西便门办公区

邮政编码 100053　　　　传真：010-63141600

网址：http：//www. zgfzs. com　　　　**编辑部电话：010-63141663**

市场营销部电话：010-63141612　　　　**印务部电话：010-63141606**

（如有印装质量问题，请与本社印务部联系。）

ISBN 978-7-5216-3492-1

9 787521 634921 >